No estamos solos

Grupo ROBIN BOOK
Barcelona - México
Buenos Aires

No estamos solos

LA CIENCIA Y LOS EXTRATERRESTRES

Spencer Carter

HISTORIA enigmas
ROBINBOOK

HISTORIA enigmas
ROBINBOOK

UN SELLO DE EDICIONES ROBINBOOK
Indústria, 11 (Pol. Ind. Buvisa)
08329 - Teià (Barcelona)
e-mail: info@robinbook.com
www.robinbook.com

Diseño de cubierta: Regina Richling
Fotografía de cubierta: © iStockPhoto

Imágenes de interior: © iStockPhoto/NASA et al.
Diseño interior: Lidia Estany

ISBN: 978-84-9917-065-7
Depósito legal: B-32.766-2010

Impreso por Egedsa, Rois de Corella 12-16,
08205 Sabadell (Barcelona)

Impreso en España - *Printed in Spain*

Tiene que haber vida inteligente en alguna parte, y descubrirla será fundamental para la supervivencia de nuestra especie.

STEPHEN HAWKING

Índice

Introducción

A medida que la astronomía comprueba la inabarcable dimensión de nuestro Universo, con más de cien mil millones de galaxias, los científicos van aceptando algo que hasta hace unas décadas sólo formaba parte de la ciencia ficción: la posibilidad de que exista vida en otros planetas del Universo. La idea no es novedosa, ya que desde la más remota antigüedad numerosas civilizaciones y culturas incluyeron la intervención de seres extraterrestres en las creencias, cosmogonías, mitologías y quimeras de los simples terrícolas.

La ciencia astronómica, que siempre había desdeñado a los alienígenas como un mero producto de fantasía, se empeña en las últimas décadas en encontrarlos. Ese sorprendente cambio de perspectiva se inició a mediados del siglo pasado, con la labor de pioneros como Otto Struve, Carl Sagan, Frank Drake, o John Marck, entre muchos otros. Desde entonces la astronomía viene utilizando para tal fin sus más refinados instrumentos de búsqueda, por medio de agencias espaciales como la NASA americana, la RKA rusa, o la ESA europea, con la colaboración de numerosas universidades y centros de investigación de todo el mundo.

En las décadas de 1950 y 1960 del siglo pasado, la astronáutica tuvo un espectacular impulso, gracias a la carrera espacial entre los Estados Unidos y la Unión Soviética. Dentro de la Guerra fría que enfrentaba a ambas potencias, el

Neil Armstrong, el 21 de julio de 1969, puso pie en la superficie lunar. Ese acontecimiento histórico no sólo fue, como dijo Armstrong, «un gran paso para la humanidad», sino también un gran salto hacia el encuentro de nuevas fronteras en el espacio.

desafío era colocar al hombre en la Luna. El primero en llegar fue el astronauta americano Neil Armstrong, que el 21 de julio de 1969 puso pie en la superficie de nuestro satélite. Ese acontecimiento histórico no sólo fue, como dijo Armstrong en su paseo lunar, «un gran paso para la humanidad», sino también un gran salto para la NASA, que se transformó en el centro de referencia para la investigación y exploración del espacio. Fue entonces cuando comenzó a despertar la curiosidad de investigadores e instituciones científicas de alto nivel por una eventual vida extraterrestre. La tradicional ilusión humana de realizar viajes interplanetarios se transformó en una realidad a través de diversos programas y proyectos elaborados y puestos en marcha por la NASA y por los vuelos *Soyuz* de la Unión Soviética, a los que se sumaría en 1975 la Agencia Espacial Europea. Algunos investigadores imaginativos y heterodoxos comenzaron a cuestionar la noción del Universo como una infinitud deshabitada, y a plantearse preguntas como éstas:

¿Estamos solos en el Universo?

¿Por qué este «guijarro en el cielo»[1] habría de ser el único planeta que aloja seres vivos?

¿Podría haber vida en otros sistemas planetarios distintos del Sol?

Y finalmente, ¿sería posible que unos eventuales seres extraterrestres hubieran evolucionado hacia una especie inteligente?

Esas preguntas no las planteaban personajes como Erich von Däniken o Zecharia Sitchin, autores de delirios sobre visitas extraterrestres (de los que después hablaremos); sino astrónomos de tomo y lomo, que no se alejaban un ápice de los procedimientos científicos. Al principio sus teorías fueron recibidas con cierta reticencia por la astronomía ortodoxa, ya que no había ningún dato o indicio que justificara plantearlas. Y aunque ese recelo continúa, lo cierto es que varias misiones espaciales con diversos objetivos científicos, llevan también

---

[1] *Un guijarro en el cielo* (1950) es la primera novela de ciencia ficción escrita por Isaac Asimov, y su título alude a la modesta condición de la Tierra en el Universo. Más tarde el autor la incorporó como parte de su extensa saga que lleva el título de *Fundación*.

mensajes dirigidos a una presunta civilización alienígena capaz de interpretarlos, y potentes telescopios terrestres o espaciales buscan planetas extrasolares semejantes a la Tierra y con posibilidades de alojar seres vivos. Y repetimos que esto no es ciencia ficción, sino ciencia pura y dura. Como lo son los radiotelescopios que buscan captar emisiones inteligentes de ondas electromagnéticas provenientes del espacio exterior, dentro del programa multinacional SETI (de la sigla en inglés para Search for Extra Terrestrial Intelligence), asociado a la NASA y a otras entidades científicas públicas y privadas. De este programa participan millones de colaboradores espontáneos que analizan y clasifican las emisiones captadas por el radiotelescopio de Arecibo, en Puerto Rico, basándose en métodos estrictamente científicos.

La nueva ciencia de la vida alienígena, llamada *astrobiología* (o también bioastronomía o exobiología), no pretende en principio tropezar, en un encuentro del tercer tipo[2], con réplicas vivientes del reflexivo míster Spock, el entrañable E.T. o el terrorífico Octavo pasajero. Su objetivo es descubrir y en su caso estudiar formas primigenias de vida, como bacterias y amebas, o con suerte algún organismo pluricelular, semejante a ciertas algas y hongos terrestres. Este tipo de formas vitales primarias necesitan de ciertas condiciones para nacer y eventualmente evolucionar, entre las cuales es fundamental la presencia del agua como elemento donde se produce el «caldo primordial» de las primeras moléculas orgánicas. Sabemos que recientemente se han descubierto grandes masas de hielo bajo la superficie del planeta Marte, se ha detectado un mar subterráneo en la luna Europa de Júpiter y posibles cauces fluviales secos en el satélite Titán, de Saturno. Más impactantes aun son los datos registrados en febrero de 2010 por la sonda Cassini de la NASA, que sugieren la presencia de un océano subterráneo en la pequeña luna Encelado de Saturno, en cuya superficie se han detectado géiseres que arrojan agua en estado líquido.

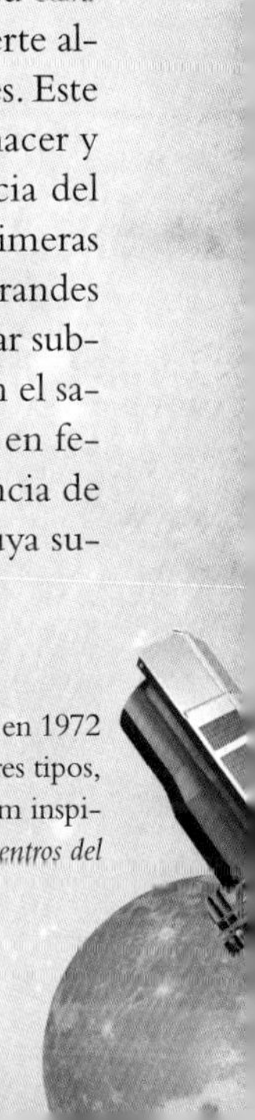

---

[2] Josef Allen Hyneck, astrónomo, ufólogo y profesor en la Universidad de Ohio, publicó en 1972 su libro *The UFO Experience*, en el que divide los encuentros con seres extraterrestres en tres tipos, siendo el último el de mayor proximidad. En 1977 el cineasta Steven Spielberg rodó un film inspirado en esa obra, con el título de *Encuentros en la Tercera fase*, en Latinoamérica se llamó *Encuentros del Tercer tipo*, que se convirtió en un film de culto para los aficionados a la ufología.

No obstante, está prácticamente demostrado que ahora mismo no hay vida en otro astro de nuestro sistema solar, lo que no quiere decir que no la hubiera en el pasado. El hidrógeno y el oxígeno, imprescindibles para la formación de las moléculas de agua, son elementos que abundan en el Universo. Pero el agua no basta para que nazca la vida, si el planeta buscado no presenta además otros elementos básicos, unas temperaturas apropiadas, y una estructura sólida que se aproxime al tamaño de la Tierra.

En atención a esas hipótesis la NASA ha emprendido su más reciente y ambicioso esfuerzo exploratorio, consistente en empezar por el principio buscando un planeta extrasolar de un tamaño semejante al de nuestra Tierra. A través de su misión Kepler, la agencia de los Estados Unidos lanzó el 7 de marzo de 2009 un telescopio espacial para detectar planetas del tipo de la Tierra orbitando en otras estrellas. La primera información de este sofisticado artilugio óptico se recibió a principios de enero de 2010, y anuncia el hallazgo de cinco planetas extrasolares, aunque probablemente gaseosos y de tamaño mucho mayor que el nuestro. Pero el Kepler se mantendrá por lo menos durante tres años observando el brillo de 145.000 estrellas, por lo que no es improbable que encuentre más de un planeta «a la terrestre», primer paso para explorar la posibilidad de signos de vida más allá del sistema solar.

Si esto sucediera, si en algún planeta lejano se encontrara, por ejemplo, una colonia de bacterias, toda nuestra construcción científica y cultural quedaría cuestionada. Tanto da que se trate de seres unicelulares o de organismos complejos del tamaño de un dinosaurio. Lo importante sería la comprobación de que hay vida más allá de la Tierra. Que hubiera dos planetas habitados significaría que otros también podrían estarlo; decenas, centenares o miles de ellos. Habríamos perdido nuestra exclusividad; ya no estaríamos solos en el Universo, ya nada vivo nos resultaría extraño, porque los límites de la vida posible se habrían expandido hasta el infinito.

El exoplaneta GJ1214b, que orbita una pequeña estrella a sólo 40 años luz de nosotros, abre espectaculares perspectivas en la búsqueda de mundos habitables. Su atmósfera es mucho más gruesa que la de la Tierra, por lo que la alta presión y la ausencia de luz haría imposible la vida como la conocemos, a pesar de albergar probablemente hielo de agua en su interior, pero estas condiciones todavía podrían permitir que se produjera alguna compleja química.

Primera parte

La astrobiología y la vida extraterrestre

La increíble historia del Universo

La Tierra estaba confusa y vacía,
Y las tinieblas cubrían el haz del abismo.

GÉNESIS, 1:2

En el principio no había nada. No había luz, ni espacio, ni tiempo, ni materia, ni vida. En esa nada primordial se hizo presente, desde ninguna parte y en ningún momento, un punto diminuto de una densidad altísima, y con una extraordinaria concentración de energía. Hace entre 13.000 y 14.000 millones de años, según medimos el tiempo en la Tierra, ese punto estalló en un inmenso fuego de artificio, que creó a la vez el espacio, el tiempo, y toda la materia del Universo.

El relato anterior no pertenece a una obra de fantasía, sino que es una somera descripción de la teoría del *big bang* o Gran Explosión. Pese a la premisa irracional que lo fundamenta (si no había espacio ni tiempo, ¿dónde y cuándo surgió el explosivo puntito?) es la explicación del origen del Universo aceptada en forma casi unánime por la comunidad científica. La idea del *big bang* se basa en las observaciones realizadas entre 1922 y 1923 por el astrónomo americano Edwin Hubble, basándose en la Teoría de la Relatividad General enunciada pocos años antes por Albert Einstein.

A falta de una mejor descripción de aquel punto original, los astrofísicos lo llamaron «singularidad», quizás porque fue lo único que hubo antes del Universo, o tal vez porque existir en la nada es bastante singular. Se supone que la singularidad fue un punto teórico de volumen cero y densidad absoluta, en una

Existiendo miles de millones de galaxias y estrellas con otro tanto número incluso mayor de planetas orbitando a su alrededor, es totalmente razonable pensar en la posible existencia de otros modos de vida en otros sistemas estelares.

distorsión infinita del espacio y el tiempo. Contenía partículas elementales que llevaban en sí todos los elementos para conformar el Universo tal como lo conocemos ahora.

El estallido de la nada

En las primeras milésimas de segundo después del *big bang*, la materia y la antimateria[3] se presentaban en proporciones casi iguales. Pero al separarse la una de la otra, las leyes físicas creadas por el estallido original favorecieron la proliferación de los átomos de materia, mientras impedían que aumentara la antimateria. Esa supremacía de la materia hizo posible la formación de las galaxias y los astros, así como la existencia de la vida, al menos en la Tierra.

El Universo se fue expandiendo a gran velocidad en todas direcciones, como en un inmenso fuego de artificio (y al parecer todavía continúa en eso). Tres minutos después del estallido, al enfriarse rápidamente la temperatura, pudieron formarse las primeras partículas subatómicas (fotones, neutrinos, electrones y quarks). Los electrones libres disponibles interactuaron entre sí y con otras partículas, dando lugar a gigantescos remolinos que atraían a la materia circundante. Un millón de años más tarde comenzaron a formarse incalculables millones de átomos de hidrógeno y helio, cuyas concentraciones dieron nacimiento a grandes conglomerados de gases moleculares y polvo cósmico, denominados nebulosas, que se expandieron por el espacio dilatando los límites del cosmos.

Algunas de estas nebulosas generaron una fuerza centrífuga creciente y se comprimieron, creando campos magnéticos y adoptando generalmente formas discales o espiraladas. Ese proceso fue el germen de las estrellas, de acuerdo con

---

[3] En la física de partículas, la antimateria es lo opuesto de la materia, en tanto sus partículas elementales tienen carga eléctrica contraria a la habitual. Por tanto un átomo de antimateria se compone de antiprotones negativos en lugar de protones positivos, y en lugar de electrones negativos, antielectrones positivos, también llamados positrones.

la teoría de Kant-Laplace, que es la más aceptada actualmente. Según esa teoría, al producirse en el centro de una nebulosa un «colapso gravitacional», motivado por una explosión nuclear en su interior o por una torsión del campo magnético, se formó en ese núcleo una «protoestrella» que capturó los gases circundantes por colisiones o por absorción gravitatoria. El aumento de la masa estelar incrementó la fuerza de gravedad de la protoestrella, precipitando la atracción de las moléculas y partículas que rondaban en las cercanías. Cuando la masa protoestelar alcanzó a más de 0,08 veces la masa de nuestro Sol, sus gases comenzaron a emitir diversos tipos de radiaciones, entre ellas la luz con que vemos brillar las estrellas. Por eso la forma más simple de describir una estrella es decir que se trata de «una bola de gases que irradia luz propia».

La danza de las galaxias

En ese proceso de formación del Universo, las fuerzas gravitatorias dieron lugar a que la materia cósmica formara agrupaciones astrales llamadas *galaxias*, que a su vez se unieron en conjuntos mayores que se denominan *cúmulos*. Una galaxia es un conjunto masivo sustentado por su equilibrio gravitacional, que contiene diversos tipos de estrellas; algunas, como el Sol, orbitadas por un sistema planetario. Incluye también aerolitos, cometas, meteoritos, y otros remanentes de su formación, así como un espacio interestelar de gases y polvo cósmico. Finalmente, está también presente un misterioso componente, que a falta de mejor nombre los astrónomos denominan «materia oscura». Es decir, una materia que no se ve ni se sabe lo que es, pero cuya existencia resulta fundamental para explicar ciertas anomalías gravitatorias en el movimiento de los astros. Aún hoy, con los potentes y sofisticados telescopios espaciales, se supone que un 70% del Universo sigue siendo invisible para los astrónomos.

Las estrellas giran continuamente alrededor del núcleo de su galaxia, porque de no hacerlo caerían hacia ese centro atraídas por su intensa fuerza de gravedad. Por la misma razón giran los planetas del sistema solar, que a su vez se desplaza a buena velocidad hacia el centro de nuestra galaxia, la Vía Láctea.

Un Universo hostil para la vida nos aislaba de nuestros posibles vecinos interestelares, pero los científicos están empezando a darse cuenta de la extraña manera en que el Universo es favorable para la vida y cada vez más millones de personas se inclinan a creer que el Universo está pleno de vida de toda clase, desde la más elemental a la más evolucionada.

La galaxia caníbal

La galaxia más próxima a nuestra Vía Láctea es la gigantesca Andrómeda, situada a 3.500.000 años luz[4], y con una inquietante característica. En un artículo publicado en septiembre de 2009 en la revista Nature, el astrofísico canadiense Alan McConnachie sostiene que Andrómeda es una especie de «galaxia caníbal», que devora a las galaxias menores que se le acercan. Andrómeda se está aproximando a la Vía Láctea a casi 300 kilómetros por segundo, con lo que el encuentro de ambas se produciría dentro de unos 3.000 millones de años. Se cree que no se producirá una colisión entre ellas, sino una absorción de la Vía Láctea por su voraz vecina. «Ese encuentro —explica McConnachie— no significará más que la recomposición del elenco estelar en el cielo, o la creación de una galaxia gigantesca.»

Los acontecimientos que dieron origen al Universo no han terminado, ni tienen fecha de caducidad. Las estrellas y galaxias siguen naciendo, evolucionando y muriendo en cumplimiento de las leyes cósmicas, y no todas son iguales ni tienen las mismas características a lo largo de su vida. La tipología estelar más aceptada es un diagrama establecido por el astrónomo danés Ejnar Hertszprung en 1905, completado por su colega americano Henry N. Russell en 1914. Por esto se lo denomina Diagrama de Hertszprung-Russell, o más simplemente, Diagrama H-R. En esa clasificación la mayor parte de los miles de millones de estrellas observables, incluyendo a nuestro Sol, pertenecen al nivel de la denominada «Secuencia principal», que agrupa a estrellas basadas en la fusión nuclear del hidrógeno, que lo convierte en helio. Cuanto mayor es su tem-

---

[4] Un año luz es la distancia que recorrería un fotón en un año Juliano (365,25 días de 86.400 s) a la velocidad de la luz en el vacío (299.792,458 km/s), a una distancia infinita de cualquier campo gravitacional o magnético. Equivale a 9.460.000.000.000 km.

peratura, también lo es su luminosidad, y se encuentran en la flor de sus vidas como estrellas, si así puede decirse. Esa vida es además bastante longeva, pues se calcula que permanecen en el estado de la secuencia mayor a lo largo de unos 5.000 millones de años. Cuando se va agotando su combustible, la estrella secuencial envejece y se convierte en una gigante roja o una supergigante. La carencia de hidrógeno provoca la contracción del núcleo y la expansión de los estratos gaseosos externos, con lo que su superficie aparente se hace gigantesca y su luz vira hacia el rojo o el naranja. Este tipo de estrella suele acabar en una última gran explosión que, dependiendo de su masa, puede dejarla como una nébula planetaria o como una supernova, destinada a terminar como una enana blanca, una estrella de neutrones o un agujero negro. Las estrellas más pequeñas pueden transformarse en diminutas, débiles, y muy calientes enanas blancas, que llegarán a convertirse en oscuras y frías enanas negras. Ese será, muy probablemente, el destino final de nuestro Sol.

Mientras tanto el Universo continúa su expansión, convirtiéndose en un lugar cada vez más vacío, oscuro y frío. En unos cuantos millones de años, y si el Sol no se ha transformado aún en una agotada estrella enana, veríamos desde la Tierra un firmamento casi despejado de astros, porque muchas estrellas ya se habrían agotado o, debido a la constante expansión del Universo, se habrían alejado más allá de nuestro alcance de observación.

¿Ovnis o una colisión de hipervelocidad? Este extraño objeto con forma de X capturado por el Hubble en enero de 2010 plantea, entre la comunidad científica, la posibilidad de que se trate de una nave espacial u objeto volador manipulado por alguna conciencia lejana, con una altísima tecnología implícita considerando la velocidad a la que viaja (18.000 km/h).

¿Qué ocurrirá después? Varios científicos sostienen la hipótesis del *Big Crunch* (o Gran retracción) que supone que en un futuro muy lejano se detendrá la expansión del Universo. Entonces toda la materia cósmica sufrirá un gran colapso e implosionará hasta formar un diminuto agujero negro[5], que sería una nueva singularidad. Habrá otro estallido, y el proceso comenzará de nuevo.

La ronda de los planetas

Hay estrellas, generalmente situadas en la secuencia principal del Diagrama H-R, que mantienen un sistema planetario rondando a su alrededor. Éste puede estar compuesto por uno o más planetas de distintos tamaños y características, más cercanos o alejados de su estrella solar; junto a cinturones de asteroides, astrolitos, planetoides, nubes de gases y polvo cósmico, y eventualmente lunas satélites de esos propios planetas. Los sistemas planetarios, como el solar, son resultado del mismo proceso que da forma a una estrella. Los planetas que la orbitan tienen su origen en la acreción de planetesimales, términos técnicos que requieren una explicación:

Acreción (o acrecimiento): en astrofísica se llama *acreción* al crecimiento de un cuerpo por agregación de otros cuerpos menores atraídos por su fuerza gravitacional.

Planetesimales: son las partículas sólidas más masivas en un disco protoplanetario, que actúan como núcleo de condensación y acreción de otras más pequeñas, dando lugar a objetos astrales sólidos.

[5] Un agujero negro es una región del espacio-tiempo que posee una gran concentración de masa en su interior, con un notable aumento de la densidad. Esto genera un poderoso campo gravitatorio que atrapa y absorbe toda partícula material, incluyendo los fotones de luz. La curvatura del espacio-tiempo provoca una singularidad finita dentro de una superficie cerrada, llamada horizonte de sucesos, que separa la región del agujero negro del resto del Universo.

Cuando esos cuerpos planetesimales alcanzan un diámetro superior a unos 1.000 metros, comienzan a atraerse entre sí por sus fuerzas gravitatorias, hasta formar protoplanetas de un tamaño aproximado al de nuestra Luna. Muchos se destruyen en ese proceso, pero otros continúan su acreción hasta llegar a constituir planetas estables. Es obvio que el único sistema planetario largamente observado, estudiado y discutido por los astrónomos terrestres es el sistema solar. Desde que en el siglo XVI Copérnico, basándose en la teoría de Aristarco de Samos, le dio la vuelta colocando al Sol en su sitio, la ciencia no ha dejado de elaborar ingenios que le permitieran acechar a los planetas solares, calcular sus distancias, y medir sus movimientos. Hoy lo sabemos casi todo sobre los ocho hermanos de la Tierra, y casi nada sobre los planetas extrasolares que podrían parecerse al nuestro.

Se supone que, cumpliendo las leyes físicas que rigen el Universo, todos los planetas de un sistema planetario realizan los típicos movimientos de rotación y traslación, girando sobre sí mismos en un tiempo que, por referencia a la Tierra, llamamos «día» y orbitando alrededor de su estrella madre en un lapso que denominamos «año». El eje de rotación se sitúa más o menos en perpendicular al sol respectivo, y puede desplazarse por cambios en el magnetismo planetario. La traslación generalmente traza una órbita elíptica, y al igual que en el sistema solar, los planetas se sitúan en un mismo plano espacial recorriendo un imaginario trazado oblongo alrededor de su estrella.

Recordemos ahora que la astrobiología tiene como finalidad la búsqueda de vida extraterrestre. En tanto ya se ha comprobado que ésta no está presente actualmente en los otros planetas del sistema solar, su objetivo se dirige hacia estrellas que pudieran tener un sistema planetario. A partir de la confirmación de la teoría heliocéntrica por parte de Copérnico, esta idea fue expresada ya en el siglo XVI por el filósofo italiano Giordano Bruno, ocurrencia que por cierto lo llevó a morir en una hoguera inquisitorial. Bruno se preguntaba por qué si el Sol, centro de nuestro sistema planetario, era una estrella, no podía haber otras estrellas con planetas orbitando a su alrededor. Isaac Newton, en su *General Scholium* publicado en 1713, especula con la misma idea, aunque no llega a imaginar a seres vivos habitando esos hipotéticos planetas exteriores.

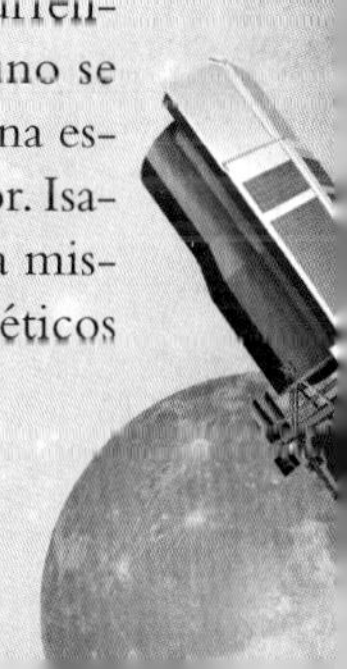

Sólo unas motas de polvo

Ya en la incipiente astronomía científica del siglo XIX, diversos investigadores declararon haber descubierto planetas exosolares, utilizando métodos que resultaron erróneos. En la década de 1960, tal vez contagiado por el auge que obtenía entonces en la cultura popular el tema de los platillos volantes, el eminente astrónomo de origen holandés Peter van der Kamp anunció que la estrella de Barnard, la segunda más próxima a la Tierra, tenía al menos un par de planetas de tamaño similar al de Júpiter girando en torno a ella. Su descubrimiento se basaba en fotografías obtenidas por un telescopio con un refractor fotográfico de 61 cm. instalado en el Observatorio Sproul, que pertenecía al Swarthmore College, en Pennsylvania, del que Van der Kamp era director en esa época. La serie de fotografías de la estrella mostraba que éstas parecían «moverse» alternativamente a un lado y otro de su trayectoria propia. Pero en 1973 el avance de la óptica telescópica demostró que las placas del refractor de Sproul mostraban un error sistemático, debido probablemente a una limpieza deficiente que había dejado unas motas de polvo en su superficie.

Un equipo de astrónomos canadienses formado por Bruce Campbell, Gordon A.H. Walker y Stephenson Yang, publicaron en 1988 sus registros de velocidad radial de la estrella binaria Gamma Cephei, a una distancia de 45 años luz. Esas observaciones sugerían la presencia de un planeta un 60% mayor que Júpiter, orbitando la estrella observada. La comunidad científica receló de la autenticidad de ese hallazgo durante varios años, sobre todo por experiencias anteriores que habían tomado a una estrella enana marrón por un planeta extrasolar. Estas estrellas no producen fusiones nucleares por escasez de combustible (hidrógeno), y por consiguiente no emiten luz propia. Su masa se sitúa entre la de los planetas más grandes y las estrellas más pequeñas, lo que facilita la con-

fusión. La reticencia sobre el objeto astral de Gamma Cephei se mantuvo hasta 2002, cuando nuevas observaciones con técnicas más precisas establecieron sin lugar a dudas que se trataba de un planeta extrasolar (registrado como Gamma Cephei Ab).

Un pulsar es una estrella de neutrones que emite rayos de radiación que son observables desde la Tierra. Debido a la rotación de la estrella, esas «pulsaciones» llegan en intervalos regulares a los observatorios terrestres. En 1992, los radioastrónomos Aleksander Wolszczan y Dale Frail, anunciaron el descubrimiento de varios planetas orbitando la pulsar PSR 1257+12 en la constelación de Virgo, a 980 años luz de la Tierra. Sus observaciones fueron aprobadas por la comunidad científica casi de inmediato, en tanto unas interrupciones regulares en las emisiones de una pulsar, sólo podían deberse al tránsito orbital de un planeta por delante de la estrella. Como veremos en un próximo capítulo, en los años siguientes se intensificó la exploración del espacio en busca de planetas del tipo de la Tierra, al tiempo que se desarrollaban antenas y equipos telescópicos cada vez más sofisticados.

Formación de una nueva estrella rodeada todavía por un disco protoplanetario, en el cual se están formando los planetas que le acompañarán. Es razonable pensar que alguno de ellos, por su situación dentro del sistema, podrían llegar a tener las características necesarias para albergar vida.

El diseñador inteligente

Todo el esfuerzo científico por desentrañar el origen del Universo y el nacimiento de la vida, siempre polémico y a veces trágico, no conmovió a quienes creían (y siguen creyendo) que habitamos un planeta excepcional, creado por Dios junto con el Universo, y escogido por Él para dar vida a una especie única, concebida «a su imagen y semejanza». Aunque desechado por la ciencia y desacreditado por el sentido común, ese «Creacionismo» aún colea, sobre todo en ciertas regiones de Estados Unidos y otros países con influyentes grupos de integristas protestantes. Dada la dificultad para conciliar el texto bíblico con los sucesivos descubrimientos científicos, algunos creacionistas dejaron de lado el relato ingenuo del Génesis, inventando la teoría del «Diseño inteligente». Este aparato conceptual acepta en parte el *big bang* y el evolucionismo de Darwin, pero atribuyéndolos a un ser preexistente y omnisciente que trazó los planos previos del Universo y la Vida.

En un debate sobre el tema, el astrónomo Richard Dawkins, de la Universidad de Oxford, replicó con sorna a los creacionistas: «Vale, un diseño inteligente; ¿pero quién diseñó al diseñador?».

Hasta marzo de 2010 se han descubierto 431 planetas extrasolares, debidamente comprobados y registrados en la *Extrasolar Planets Encyclopaedia*. La mayoría de ellos son gigantes gaseosos más grandes que Júpiter, y por lo tanto totalmente inhóspitos para cualquier forma de vida. Pero los científicos suponen que, con los nuevos métodos de detección, no pasará mucho tiempo hasta poder disponer de un buen número de planetas como la Tierra, orbitando en la «zona habitable» de una estrella perteneciente a la secuencia principal.

¿Existen otros universos?

En su tesis doctoral, presentada en la Universidad de Princeton en 1954, el joven físico Hugh Everett III defendió una hipótesis desconcertante: la existencia de otros universos paralelos al nuestro. El bisoño científico arriesgaba con esa propuesta su doctorado y quizá su carrera, pero tenía buenos argumentos. Si nuestro universo no era el único, podían explicarse algunas incoherencias que presentaba la física cuántica, establecida por Max Planck en 1900. Esta rama científica se ocupa de las partículas subatómicas más pequeñas conocidas

Pueden existir millones de planetas semejantes a la Tierra, sin que encontremos en ellos algún rasgo de vida. Pero también es posible que un planeta habitado nos espere, por así decirlo, a la vuelta de la esquina.

hasta ahora, cuyo imprevisible comportamiento sugiere que deben existir otras leyes físicas además de las que rigen el Universo conocido. O sea, leyes físicas provenientes de otros universos paralelos e interrelacionados de alguna forma con el nuestro, probablemente por medio de los «agujeros de gusano» sugeridos por el matemático holandés Hendrik Lorentz. Se denomina así a un hipotético atajo que atraviesa un pliegue en el espacio-tiempo, y cuyos extremos se sitúan cada uno en un universo o plano espacial distinto, unidos por una especie de túnel por el que puede pasar la materia. En 1957 el físico teórico estadounidense John Wheeler propuso el término «agujero de gusano» para denominar a ese fenómeno. Para explicar tal denominación, ofreció el siguiente ejemplo: «imaginemos que el universo es la piel de una manzana, y un gusano avanza sobre su superficie. La distancia desde un lado de la manzana hasta el otro es igual a la mitad de la circunferencia de la manzana, si el gusano se arrastra por el ecuador del fruto. Pero si excavara un agujero directamente a través de la pulpa de la manzana, la distancia que tendría que recorrer sería considerablemente menor». En teoría, a quien quisiera viajar de un universo a otro, le bastaría con utilizar uno de los eventuales agujeros de Lorentz, llamados también puentes de Einstein-Rosen. El conocido astrofísico Stephen Hawking compara esta hipótesis con la opción de salvar una montaña por una carretera que la rodea o por un túnel que la atraviesa: si hay un límite de velocidad (la de la luz) se llega más rápido por el túnel. Ahora bien, para viajar a otro universo en el hiperespacio, sería necesario pasar por un gusano de Schawrzschild, cuyas bocas estarían formadas por un agujero negro en un universo y en el otro un agujero blanco, que en lugar de absorber toda materia y energía, la expele hacia el exterior. Todo esto es aún teórico, hipotético, y no demostrado, pero científico. Una muestra de que la ficción de la ciencia puede a veces superar a la ciencia ficción.

Esos presuntos universos paralelos al nuestro, podrían también tener planetas habitados por seres vivos, y de allí el interés de los exobiólogos por las teorías que los sustentan. Tal vez en esos mundos existieran réplicas de nosotros mismos, con mentes de parecida o mayor inteligencia. Pero al situarse necesariamente en un punto distinto de la curva del tiempo, vivirían en otra fase evolutiva, y quizá la especie que replica a la humana ya se hubiera extinguido.

Causalidades de la vida:

Somos una imposibilidad en un universo imposible.

RAY BRADBURY

El día que los ilusionados astrobiólogos encuentren un planeta extrasolar muy parecido a la Tierra, probablemente no descubrirán nada relacionado con la vida extraterrestre. Pueden existir millones de planetas semejantes, sin que encontremos en ellos algún rasgo de vida. Pero también es posible que un planeta habitado nos espere, por así decirlo, a la vuelta de la esquina. Eso es lo que hace tan compleja y apasionante la tarea de esos científicos, al adentrarse en un campo donde el error y el azar juegan con ellos al escondite.

El planeta candidato, al que podríamos llamar «Tierra 2», debería cumplir una serie de requisitos, aparte de ser de estado sólido y tener varias características semejantes a las de nuestra Tierra 1. En primer lugar debe estar situado en lo que los astrobiólogos llaman «Zona habitable» (ZH) de su correspondiente sol. Esa zona es una especie de halo o anillo imaginario que rodea a la estrella, en el que la temperatura se mantiene en un arco razonable y sin sufrir alteraciones bruscas. Está comprobado que algunas formas de vida terrestres pueden soportar una temperatura de -70°C en la Antártida, o de cerca de 45°C constantes en el otro extremo del arco climático. También se han hallado organismos hipertermófilos soportando 113°C en las abrasadoras fumarolas hidrotermales que brotan de las profundidades oceánicas.

Los agujeros de gusano que atraviesan un pliegue en el espacio-tiempo, y cuyos extremos se sitúan cada uno en un universo o plano espacial distinto, unidos por una especie de túnel por el que puede pasar la materia, reducirían la distancia hacia otras posibles civilizaciones de otros sistemas planetarios.

En el caso de nuestro Sol, no resulta fácil establecer su ZH. Es evidente que su alcance llega por lo menos a los 150 millones de kilómetros que lo separan de la Tierra, pero no sabemos hasta qué punto se extiende más allá. El descubrimiento de huellas de vida fósiles en un meteorito de origen marciano, en agosto de 1996, permite suponer que en algún momento del pasado la ZH del Sol alcanzaba a los 225 millones de kilómetros que lo distancian del planeta rojo. A esas huellas se les atribuyen unos 3.600 millones de años, y cualquiera fuera la forma de vida que tuviera Marte entonces, los primeros signos de vida en la Tierra se remontan sólo a 2.700 millones de años, y los primeros humanos como nosotros aparecieron por aquí hace entre 100.000 y 35.000 años, cuando nuestros posibles vecinos marcianos quizá ya habían desaparecido.

El trazado de la ZH de nuestro sistema planetario se parece, en cierta forma, al anillo de Saturno. Es decir, no está pegado a la virtual superficie del Sol, y su anchura es mucho menor que el diámetro de esa estrella central. De hecho, no sólo importa su límite más lejano, sino también el más próximo. Es decir, a qué distancia la temperatura del Sol llega lo bastante atenuada para no sobrepasar los poco más de 100°C que pueden soportar unos pocos y mínimos seres vivos terrestres.

Una forma de averiguarlo fue estudiar las atmósferas de los planetas intermedios entre el Sol y la Tierra. Mercurio, por ejemplo, era considerado hasta hace un tiempo una pequeña bola metálica y muy sólida. En 1973 la sonda *Mariner 10* registró que el primer planeta de nuestro sistema tiene una atmósfera muy tenue, constituida por helio, argón, oxígeno, y otros gases en menor cantidad, cuyos átomos suelen ser arrastrados al espacio por los vientos solares. La fragilidad de su capa atmosférica produce altas diferencias en la temperatura, que salta de 420°C durante el día, a -180°C por la noche. Venus, por el contrario, tiene una atmósfera muy densa y caliente, compuesta por un 96,5% de dióxido de carbono y un 3,5% de nitrógeno. La temperatura se acerca los 500°C de forma regular en toda su superficie, incluso en la cara oscura. Las sondas enviadas por la Unión Soviética y los Estados Unidos en las décadas de los sesenta y setenta del siglo pasado, encontraron densas capas de nubes a altas presiones recorridas por vientos de 400 km/h, que impidieron los descensos de las primeras misiones y dificultaron el envío de datos por las que lograron

El carbono: un átomo promiscuo

Tal como saben los astrobiólogos, el carbono es la base indispensable para la existencia de la vida. La particularidad de los átomos de carbono es que, al unirse dos de ellos, quedan libres uno, dos o tres electrones, dispuestos a reunirse con los átomos de otro elemento ajeno. Por ejemplo, la unión con el hidrógeno de un átomo de carbono monovalente produce una molécula de etano, si es bivalente una de etileno, y si es trivalente, de acetileno. Se forman así los variados compuestos de carbono, cuya labilidad facilita el metabolismo (reacciones químicas en los organismos vivos para intercambiar energía y materia con el medio). Todos los seres vivientes se alimentan de compuestos de carbono, que se adicionan a los otros y vuelven a desasirse con gran rapidez y facilidad. De esta forma se produce una combustión de baja temperatura (la de la sangre), permitiendo el permanente proceso metabólico que aporta energía a los seres vivos.

llegar a la tórrida superficie venusina. No deja de ser una paradoja que los romanos escogieran a tan inhóspito planeta para nombrar a la diosa del amor, la belleza y la fecundidad.

En lo que hace al sistema solar, descartados Mercurio y Venus por sus temperaturas y atmósferas hostiles, sólo la Tierra tiene su órbita dentro de la ZH del Sol. Un indudable privilegio, que permitió el nacimiento y evolución de los únicos seres vivos que hasta ahora conocemos; pero también una limitación que impide la presencia de vida en esos planetas vecinos y sus satélites.

(*En página siguiente.*) Es probable que el agua en Marte sólo se dé en forma de hielo encima o debajo de la superficie, o como rastros de vapor o cristales de hielo en la atmósfera, pero puede demostrar que el surgimiento de la vida sobre un planeta no es un hecho exclusivo de la Tierra.

Todo comenzó en el agua

Volvamos ahora al buscado Tierra 2, al que suponemos situado en la ZH apropiada de una estrella de la serie principal. Su composición y temperatura son adecuadas, pero aún nos faltan dos elementos esenciales: agua en estado líquido para jugar el papel de placenta, y una atmósfera con los elementos necesarios y los imprescindibles átomos de carbono. Suele decirse que el agua es el fundamento de la vida, el «caldo primordial» en el que se cocieron los componentes básicos que dieron lugar a su nacimiento. En 1922 el biólogo soviético Alexandre Oparin fue el primero en sugerir que el origen de la vida se dio en un ambiente acuático, debido a la combinación de pequeñas moléculas inorgánicas que produjeron los primeros compuestos orgánicos. Oparin desarrollaría luego esa tesis en su obra clásica *El origen de la vida* (1936).

Varios años más tarde, en 1953, el estudiante de la Universidad de Chicago Stanley Miller propuso a su director de tesis, el químico y biólogo Harold Urey, realizar un experimento para comprobar la teoría de Oparin. Urey no estaba muy convencido de que se pudieran reproducir en laboratorio las condiciones de las aguas terrestres hace unos cuatro mil millones de años, pero el entusiasmo de su alumno pudo más que sus prevenciones. De forma que maestro y discípulo diseñaron un aparato en el que mezclaron agua (H2O) con metano (CH4), amoníaco (NH3), e hidrógeno (H2). Al someter esta mezcla a descargas eléctricas de 60.000 voltios, que simulaban las fuertes tormentas de esa época geológica, comenzó a bullir un caldo de elementos orgánicos: un carbohidrato, varios aminoácidos, y otros compuestos que utilizan las células para sintetizar sus proteínas. El experimento de Miller-Urey demostró que Operin tenía razón, al sostener que la vida había surgido en el agua, por la formación de células orgánicas a partir de elementos inorgánicos. Significó asimismo la piedra basal de la nueva ciencia que llamamos *astrobiología* o *exobiología*, en tanto comprobó que, teóricamente, la vida puede nacer en cualquier sitio apropiado del Universo.

La otra condición fundamental para que Tierra 2 pueda ser un planeta habitable es que posea una atmósfera en ciertas condiciones. Sabemos que la at-

La vida sin oxígeno

Imaginemos un mundo cuya atmósfera no posea oxígeno. En principio, al faltar ese elemento fundamental, lo descartaríamos como posible fuente de vida. Pero... ¿Y si se hubieran desarrollado en él seres anaeróbicos? Diminutas bacterias que, sin la invencible competencia de la vida aeróbica, podrían convertirse en organismos más complejos, evolucionar hacia formas vitales inimaginables para nosotros, e incluso alcanzar una inteligencia de parámetros absolutamente incomprensibles para la mente humana. Esta especulación, quizás absurda para la ciencia, puede no obstante advertir a los científicos sobre la ilimitada fuerza y variedad de la vida. Ya se habla de que el «caldo primigenio» pudo no ser el agua, sino el metano o el amoníaco, y se considera la posibilidad de formas de vida a partir del silicio. En el año 2007 biólogos del Censo de Vida Marina encontraron en el Golfo de México, a más de 1.000 m de profundidad, un gusano que se alimenta de petróleo. Los exobiólogos que declaran que su objetivo es «encontrar vida, tal como la conocemos», tal vez estén dejando fuera de sus investigaciones los caminos más sorprendentes. Unos caminos cuyos hallazgos podrían dejarlos, literalmente, sin respiración.

mósfera es una capa de gases que rodea a los cuerpos astrales, siempre que éstos posean masa suficiente para atraerlos y mantenerlos sobre su superficie. En el caso de nuestro planeta su atmósfera asciende hasta más de 100 km, y está compuesta de un 78,1% de nitrógeno, un 20,94% de oxígeno, y cantidades menos apreciables de vapor de agua, dióxido de carbono, helio, hidrógeno y ozono, entre otros gases. El ozono, que se concentra en una capa intermedia de la atmósfera a entre 20 y 50 km de altura, resulta muy importante para la protección de la vida. No sólo sirve para filtrar las radiaciones ultravioletas, sino que también modera las temperaturas y actúa de barrera contra la caída de meteoritos.

En la Antártica encontramos algunas de las mejores analogías marcianas, por sus bajas temperaturas y reducida humedad que geológicamente podrían asemejarse a ciertas áreas de Marte. Si ahí hay vida o no, o ha existido actividad biológica, es una cuestión que todavía está abierta. Aunque en nuestro propio planeta existen numerosos ejemplos de seres vivos que se desarrollan en ambientes aparentemente hostiles, enmarcados bajo el nombre de organismos extremófilos, como un tipo extraño de bacteria que logra sobrevivir a temperatura extrema en las Cataratas de Sangre, en el extremo del Glaciar Tylor de los Valles secos McMurdo.

La mayoría de los seres vivos terrestres son organismos aeróbicos, que renuevan su energía absorbiendo oxígeno y expeliendo el anhídrido carbónico resultante de su proceso metabólico. Los organismos anaeróbicos, como algunas bacterias, no emplean oxígeno como fuente de energía, sino otro tipo de elemento gaseoso. El procedimiento de metabolización de un anaerobio puede ser respiratorio, igual que el aeróbico, o por fermentación, proceso descubierto por Louis Pasteur y cuyo ejemplo más claro son las levaduras.

Un planeta mediocre

Durante milenios la Tierra disfrutó de una consideración excepcional como planeta escogido por los dioses para alojar a la especie humana. Primero se creyó que era único, y se lo imaginaba de distintas formas, siempre en base a una superficie plana. Los otros astros eran eso, astros; luces en el cielo o poderosas deidades, pero poco tenían que ver con el variado escenario donde prosperaban y caían las civilizaciones terrícolas. La historia de la astronomía nos cuenta cómo y cuándo se entendió que la Tierra era un planeta como los demás, aunque ocupando el centro de un sistema planetario a cuyo alrededor giraban los otros astros como comparsas. Luego vino la revolución copernicana, con el Sol ocupando el centro del sistema y la Tierra girando en el tercer puesto de su corte planetaria.

En la década de 1930, el astrónomo de la Universidad de California en Berkeley Robert J. Trumpler demostró que el sistema solar no se situaba en el centro de la Vía Láctea. Al promediar ese siglo el científico ruso-americano Georgy Gamow (uno de los creadores de la teoría del *big bang*) probó que nuestra galaxia tampoco estaba en el centro del Universo, como indicaba la ley de Hubble, sino que esa posición aparentemente central se percibía desde cualquier otro punto del espacio. El verdadero *boom* de planetas extrasolares fue establecido por Geoffrey W. Marcy, también un astrónomo de Berkeley. Junto a sus colaboradores Paul Butler y Debra Fischer no sólo confirmó el primer hallazgo de uno de esos planetas (*51 Pegaso b)*, descubierto en 1995 por Mayor y

Gliese 436 es una tenue estrella enana roja a unos 33 años luz de la Tierra, alrededor de la cual podría orbitar un exoplaneta parecido a la Tierra, Gliese 436 c, aunque últimos estudios de las perturbaciones en la órbita de Gliese 436 b dejan por confirmar su existencia, retrasando detalles de su composición química o de su posibilidad de albergar vida.

Tras el lanzamiento del Hubble al espacio en 1990, se le añadió en el año 2002 una ACS (Advanced Camera for Surveys) gracias a la cual capta imágenes de gran resolución que son recogidas y enviadas por la DNS (Red del Espacio Profundo de la NASA). Toda esta tecnología permite realizar estudios como el que provoca la pregunta de si en Titán, luna de Saturno, hay alguna criatura que esté respirando el hidrógeno que desaparece cuando llega a la superficie.

Quiliez, sino que del registro de los cien planetas siguientes, setenta de ellos se debieron a Marcy y su equipo. Verdadero fenómeno en la búsqueda extrasolar, Marcey confirmó el descubrimiento de los primeros planetas con un tamaño similar al de Neptuno *(Gliese 436 y 55 Cancri e),* así como el primer sistema planetario múltiple que orbita una estrella semejante a nuestro Sol (*Upsilon Andromedae*).

Esos sucesivos descubrimientos científicos llevaron a la recuperación del principio de mediocridad, o de medianía, inspirado en el heliocentrismo copernicano que bajó a nuestro planeta de su pedestal. Hoy los astrónomos saben que la Tierra no tiene nada de especial, que es sólo un planeta vulgar como tantos otros, orbitando en una estrella relativamente ordinaria, en el margen de una galaxia también bastante común. Aceptan que es apenas una más entre millones de estrellas en un universo inabarcable, que probablemente es también uno más en una superposición infinita de universos paralelos. Sería por lo tanto absurdo suponer que sólo en este planeta mediocre se produjo la vida, fenómeno que bien pudo darse también entre los millones de planetas extrasolares que se le parecen.

A partir de ese reconocimiento, en la segunda mitad del siglo XX se producen los primeros intentos estrictamente científicos dirigidos a la búsqueda de una vida extraterrestre. Sus promotores recibieron duras críticas de los defensores de la teoría opuesta, que sostienen que la vida es un fenómeno tan complejo y dependiente de tantas condiciones y casualidades, que sólo pudo darse una sola vez y en un solo sitio: la Tierra. Comprobar que no estamos solos en el Universo tendría además profundas implicaciones filosóficas, religiosas y sociales, que afectarían a nuestra escala de valores y a la conciencia individual y colectiva de los seres humanos.

SCENO
SYSTEMATIS
PTOLE
SEPTE NTRIO
POLVS ARCTICVS
CIRCVLVS ARCTICVS
TROPICVS ÆSTIVVS SEV TROPICVS
SATVRNVS
MARS
LVNA
VENVS
MERCV
INDIA
OCCIDENS
TROPICVS HYBERNVS SIVE TROPICVS CAPRI
CIRCVLVS ANTARCTICVS
POLVS ANTARCTICVS
MERIDIES
MERIDIANVS

La historia de la astronomía nos cuenta cómo y cuándo se entendió que la Tierra era un planeta como los demás, aunque ocupando el centro de un sistema planetario a cuyo alrededor giraban los otros astros como comparsas. Luego vino la revolución copernicana, con el Sol ocupando el centro del sistema y la Tierra girando en el tercer puesto de su corte planetaria. Desde entonces, diversas teorías nos llevan hacia una evolución en la concepción del Cosmos, desde Einstein y su Teoría General de la Relatividad hasta las últimas ópticas de la teoría de las Supercuerdas y la teoría M que plantean la existencia de universos paralelos y dimensiones espaciales que no percibimos en los que incluso podría existir una forma de vida como la nuestra pero en un punto evolutivo diverso al nuestro.

Cancer

Segunda parte

Buscando otros seres en otros mundos

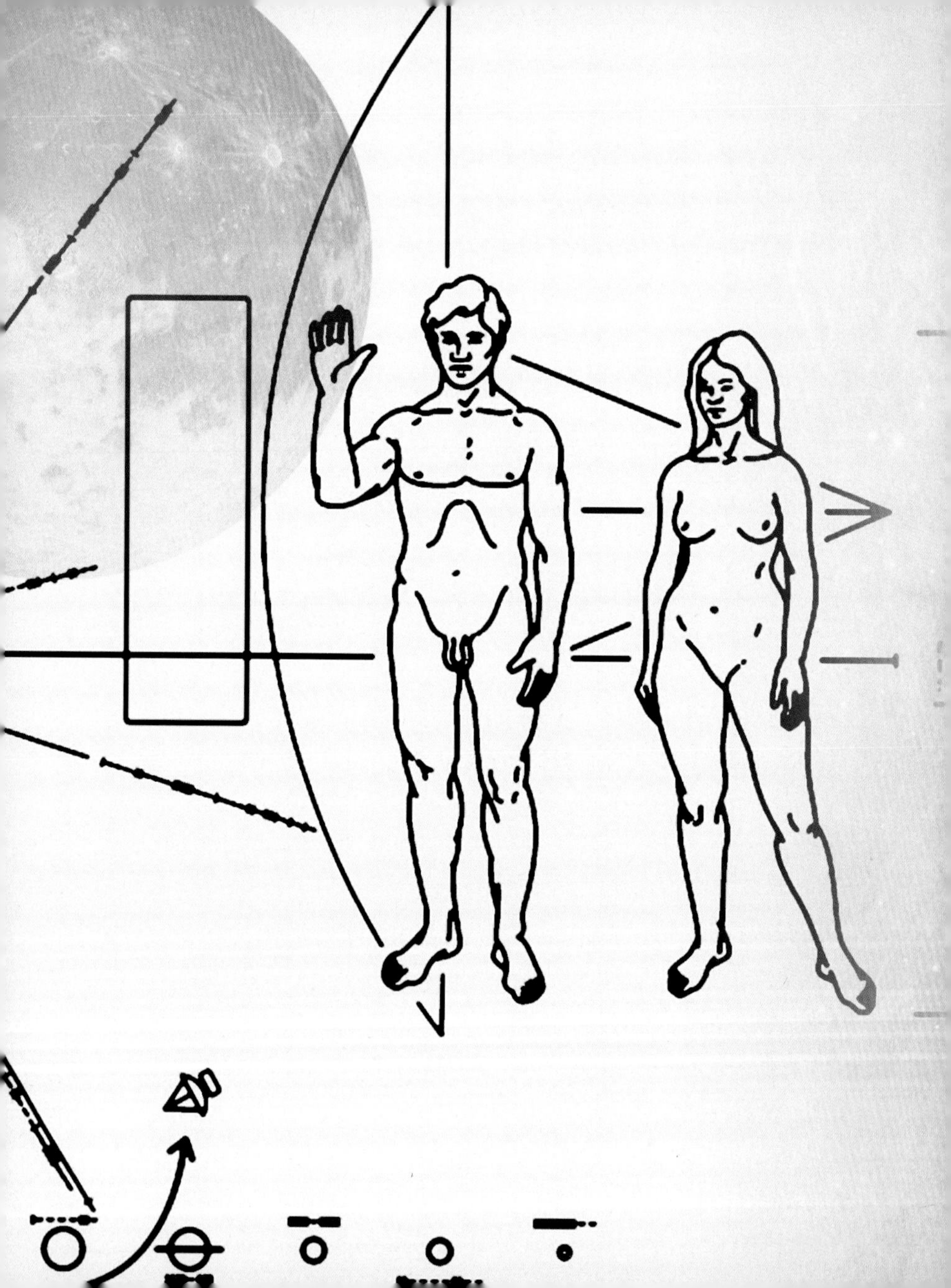

Mensajes a las estrellas

A veces creo que hay vida en otros planetas,
y a veces creo que no. En cualquiera de
los dos casos la conclusión es asombrosa.

CARL SAGAN (Astrónomo estadounidense)

En 1971 Carl Sagan, un joven profesor de astrofísica de la Universidad de Cornell, en Ithaca, Nueva York, tuvo una idea tan original como descabellada: enviar un mensaje a las estrellas en la sonda *Pioneer 10,* que se disponía a lanzar la NASA en marzo del año siguiente. Su idea era componer una síntesis de datos sobre la Tierra y la especie humana, dirigida a una eventual raza extraterrestre lo bastante avanzada para descifrar su contenido.

En aquel momento la astronomía oficial aún tenía serias reservas sobre la posible existencia de vida en otros sitios del Universo, y más aún de vida inteligente. No obstante Sagan decidió proponer oficialmente su proyecto, sabiendo que sus posibilidades eran casi ínfimas. Dejemos que él mismo nos cuente cómo lo hizo:

> «Me puse en contacto con la oficina de proyecto del Pioneer 10 y con el cuartel general de la NASA, con el objeto de comprobar si existía alguna posibilidad de que mi sugerencia tuviera cierto eco. Ante mi sorpresa y alegría, la idea encontró apoyo inmediato en todos los escalones jerárquicos de la NASA, a pesar de que, según las normas generales, era ya muy tarde para realizar incluso mínimos cambios en la nave

Fragmento del mensaje que acompaña a las sondas *Pioneer* en su viaje interestelar. Este simbólico «mensaje en una botella» fue diseñado para que una posible civilización extraterrestre inteligente pudiera interpretarla y conocer nuestra procedencia dentro del Universo.

espacial» (Carl Sagan, *The cosmic connection*, 1973[6]). Obtenida la aquiescencia de la NASA, el imaginativo astrofísico se vio abocado a la confección del mensaje interestelar. En diciembre de 1971, aprovechando una reunión de la Sociedad Americana de Astronomía, Sagan consultó el asunto con Frank Drake, su colega en la Universidad de Cornell, que también era un ferviente defensor de la posible vida extraterrestre. Ambos científicos se empeñaron en la labor de diseñar el contenido del mensaje. Después dispusieron de sólo tres semanas para reproducir ese contenido en símbolos científicos comprensibles, agregarle el dibujo de un hombre y una mujer, realizado por la esposa de Sagan, Linda Salzman, someter el resultado a la aprobación de la NASA, y grabarlo en una placa metálica capaz de viajar por el espacio durante millones de años sin deteriorarse ni desprenderse de la sonda interestelar.

Finalmente se consiguió grabar el mensaje a tiempo en una plancha rectangular de 15 por 23 cm, de una aleación de aluminio y oro anodizado. La distribución del contenido era (y quizá lo sigue siendo en algún punto del Universo) la siguiente: a la derecha, un dibujo esquemático de la sonda *Pioneer 10*, cubierto parcialmente por las dos figuras humanas desnudas, por supuesto rubias y de raza blanca, dibujadas sobre la sonda para dar una idea proporcional de su estatura. A la izquierda destaca un haz de líneas radiales que parten de un mismo punto, que representa a nuestro planeta. Esas líneas radiales indican la dirección de los púlsares más importantes cercanos a nuestro sistema solar y la secuencia de las pulsaciones de cada uno en el sistema de numeración binario. En la franja superior, a la izquierda, se presenta, también con indicaciones en sistema binario, el diagrama de una molécula de hidrógeno, el elemento más presente en el Universo. En la franja inferior de la plancha se expone un esquema del sistema solar, con los planetas ordenados en línea según su distancia al Sol y mostrando el tamaño relativo entre ellos. Una línea con punta de flecha, rematada por un diminuto boceto de la *Pioneer 10*, sale del tercer planeta para

[6] Hay versión española como *La conexión cósmica*, Plaza & Janés, 1978.

indicar de dónde partió la nave portadora, y su recorrido inicial pasando entre las órbitas de Neptuno y Saturno para alcanzar el espacio exterior. La placa con el mensaje se fijó a los puntales que sostienen las antenas de la sonda espacial, cuyo lanzamiento tuvo lugar sin inconvenientes desde Cabo Cañaveral el 3 de marzo de 1972. Una placa con el mismo mensaje se incluyó nuevamente en la Pioneer 11, lanzada el 4 de abril del año siguiente.

Como una botella al mar

¿Qué posibilidades tiene ese mensaje de ser recibido por seres alienígenas? Lo cierto es que casi ninguna. El propio Sagan compara su placa dorada con el pedido de auxilio que un náufrago introduce en una botella y luego la arroja al océano. «Pero el océano espacial es muchísimo más vasto que cualquier océano de la Tierra», advierte. Otro problema es que para descifrar el mensaje ideado por Sagan y Drake es necesario tener a la vista una de las dos sondas Pioneer, cuyo diseño esquemático da cuenta del tamaño medio de los seres humanos y del origen e itinerario de esas naves portadoras. De modo que de nada valdría que los extraterrestres cogieran la placa al vuelo, sino que deberían atrapar también la Pioneer completa. En el libro citado, Carl Sagan nos informa honestamente de otras dificultades:

> «El espacio está muy vacío y las distancias entre las estrellas son enormes —escribe el científico—. En los próximos diez mil millones de años la Pioneer 10 no entrará en el sistema planetario de ninguna otra estrella, aun suponiendo que todas las estrellas de la Galaxia contaran con tales sistemas planetarios. La nave espacial necesitaría unos 80.000 años para recorrer la distancia que hay a la estrella más próxima[7], situada a 4,3 años luz de la Tierra. Pero la Pioneer 10 no ha sido

[7] La estrella más cercana es *Próxima Centauri*, una enana roja descubierta y bautizada por Robert Innes en 1915.

dirigida hacia las proximidades de esa estrella. En lugar de esto, viajará hacia un punto situado en la esfera celeste cerca del límite de las constelaciones de Tauro y Orión, donde no hay objetos astrales en las cercanías. Es posible que la nave espacial se encuentre con una civilización extraterrestre, siempre y cuando dicha civilización posea gran capacidad de vuelos interestelares y pueda interceptar semejantes naves espaciales en las que impera el silencio.»

Pese a sus lauros y su reconocimiento como precursor de los experimentos astronáuticos, es indudable que como astrofísico serio Sagan puso un pie en la ciencia ficción al confeccionar un mensaje dirigido especialmente a una civilización extraterrestre con poderosas flotas de aeronaves, una de las cuales debería divisar en medio del espacio una sonda de unos 2,7 m de diámetro, apoderarse de ella y entender un mensaje confeccionado en un planeta lejano, con los parámetros científicos de 10.000 millones de años antes. Y además comprometer en esa aventura a la mismísima NASA.

El lanzamiento de la Pioneer 10 con su mensaje a las estrellas despertó un enorme interés popular. Los viajes espaciales eran el gran tema del momento, y el público aún comentaba la transmisión televisiva en directo del paseo lunar de Neil Armstrong en julio de 1969, o el angustiante suspense provocado en abril de 1970 por el grave desperfecto de la nave lunar Apolo XIII y el espectacular rescate de su tripulación. En ese clima, el intento de comunicarse con una inteligencia superior extraterrestre era para algunos la audaz continuación de la conquista del espacio, y para otros una idea absurda cuando tan sólo volver a la Luna significaba todavía un serio riesgo. Ambos extremos tuvieron un amplio y variado tratamiento en los medios de comunicación, que además centraron sus comentarios en la placa de Sagan-Drake, reproducida profusamente en la prensa y las televisiones de todo el mundo.

Entre sesudas opiniones de científicos que aprobaban o descalificaban la codificación escogida para el mensaje, algunas publicaciones, especialmente británicas, dieron muestras de su tradicional sarcasmo imaginando las reacciones de los alienígenas al recibir el mensaje. La revista humorística *Punch,* por ejemplo, publicó unas supuestas entrevistas a extraterrestres que opinaban sobre el

El astrónomo que buscaba otros mundos

El doctor Carl Edward Sagan (1934-1996) fue un reconocido científico, profesor e investigador de la Universidad de Cornell, pionera en estudios astronómicos, y colaborador de la NASA en las misiones Mariner 2 y 9; el programa Viking a Marte, así como en el proyecto Voyager y la misión Galileo a Júpiter, aparte de su intervención en el programa de las sondas Pioneer. Entre sus principales aportes, se cuenta su descripción del efecto invernadero, los peligros del cambio climático, y las características de un posible invierno nuclear. En su vertiente relacionada con la vida extraterrestre, dirigió varios proyectos de investigación y participó en la fundación de la red SETI, dedicada a la captación de señales inteligentes emitidas desde el espacio exterior. Su programa de televisión «Cosmos: un viaje personal» obtuvo un sostenido éxito popular y abrió nuevos caminos a la divulgación científica. Fue autor de una veintena de obras de ese género, entre ellas *La conexión cósmica* (1973), *Los dragones del Edén* (1977), o *Un punto azul pálido* (1994).

contenido de la placa: «Hablando como araña extremadamente delgada que cuenta con catorce patas —dijo una voz desde la parte posterior de Andrómeda 8—, he estudiado esta tarjeta de los terrestres y la considero como un desaire. La caricatura de nuestra especie es a la vez cruda y absurda, ya que entre otras cosas sugiere que tenemos una pata a la derecha mucho más larga que las restantes. Además, el ser geométrico que está en el fondo nos vuelve claramente la espalda, y uno de los otros dos está señalando con cinco antenas un gesto francamente indecoroso». La araña inteligente de Andrómeda 8 termina afirmando que ese mensaje «presagia, sin duda alguna, una larga y amarga guerra con los terrestres». Otro de los alienígenas entrevistados por *Punch* admite que «Todavía sólo hacemos cábalas y ninguno de nosotros ha explicado el significado de los puntos que hay a lo largo de la parte inferior. Se nos ha sugerido que podría tratarse del itinerario de algún ferrocarril metropolitano, pero tenemos la impresión de que esta sugerencia no tiene en cuenta la flecha que marca la probable posición de un yate naufragado, o posiblemente la de una cizaña de huerto. Sin embargo, la inclusión de una rubia desnuda hace más que probable que esto sea una especie de broma o chiste enviado desde algún planeta atrasado, quizás el que usan los terrestres».

No todo el mundo se tomó con el mismo buen humor el diseño de la placa, particularmente el de las siluetas humanas de ambos sexos. Hubo personalidades y asociaciones feministas que hicieron llegar sus protestas porque la mujer representada mantenía una actitud pasiva, no saludaba como el hombre, y además mostraba las piernas más abiertas. Otras por el contrario, se quejaban de que mientras los genitales masculinos se exponían con bastante claridad, no había ninguna indicación de la vulva femenina, lo que sin duda ocultaría a los extraterrestres la importancia reproductora de las hembras terrícolas. Pero esas protestas resultaron insignificantes frente al enorme alud de quejas que motivó el hecho de que nuestros arquetipos posaran desnudos. Desde personalidades eclesiásticas hasta asociaciones de amas de casa, proclamaron que la NASA había caído en una procaz indecencia y acusaron al señor Sagan de ser una especie de sátiro pervertidor de menores inocentes (como puede verse en las reproducciones de la placa, sus figuras humanas son mucho menos eróticas que cualquier estatua desnuda del arte clásico, al alcance de los escolares en libros y museos, o incluso de ciertas estampas bíblicas). Hubo también desacuerdos de otro signo, provenientes de comunidades y poblaciones de etnias diferentes, como las africanas y asiáticas, que no se sentían identificadas con los ejemplares arios que se enviaban al espacio.

Carl Sagan no se enfadó en absoluto ante las abundantes críticas, e incluso reprodujo varias de ellas en su libro de 1973, como reacciones esperables a su inusitado experimento. «El mensaje que lleva a bordo de la *Pioneer 10* ha sido una auténtica diversión —escribió para quitar hierro—. Pero también ha sido algo más que eso». Y explica un poco más adelante: «¿Cuál es la imagen de la humanidad que desearíamos presentar a una civilización superior, ubicada en cualquier punto de la Galaxia? La transmisión del mensaje de la Pioneer 10 nos estimula a considerarnos a nosotros mismos desde una perspectiva cósmica. En mi opinión, creo que el mayor significado de la placa de la Pioneer 10 no es

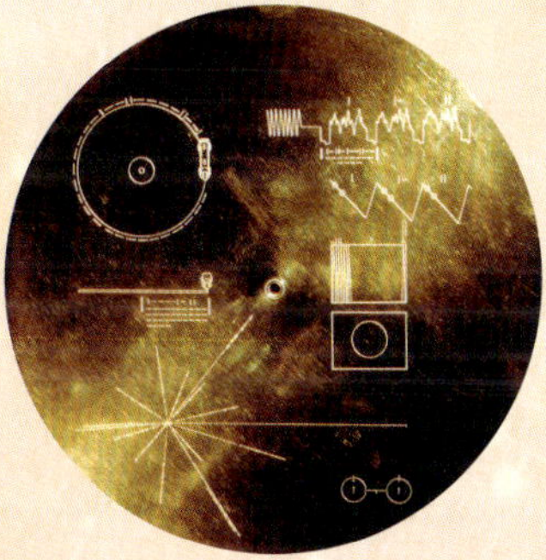

Mensaje simbólico informando a una posible civilización extraterrestre, que pudiese interceptar la sonda, sobre el ser humano y su lugar de procedencia, la Tierra.

El Disco de oro de las Voyager *Sound of Earth* (Sonidos de la Tierra), es un disco de gramófono, que acompaña a las sondas espaciales Voyager, lanzadas en 1977 y que tardarán 74.500 años en alcanzar las proximidades de la estrella más cercana a nuestro sistema solar.

precisamente el hecho de enviar un mensaje al espacio exterior, sino más bien se trata de un mensaje enviado a nosotros mismos».

Casi treinta años después, el 23 de enero de 2003, la Pioneer 10 envió un débil mensaje a la NASA, a modo de despedida. En ese lapso había recogido y enviado una significativa serie de datos sobre los gigantes gaseosos Saturno y Neptuno, así como sobre el cinturón de asteroides, los vientos solares y los rayos cósmicos. La estación terrestre intentó volver a comunicarse el 4 de marzo de 2006, sin obtener resultado. Se supone que la nave continúa su itinerario, y que en la actualidad se dirige hacia las proximidades de Aldebarán, una estrella de la constelación de Tauro que la Pioneer 10 alcanzará dentro de 1.690.000 años.

El 4 de abril de 1973, trece meses después del lanzamiento de la Pioneer 10, la NASA volvió a utilizar un cohete Atlas para enviar al espacio otra nave de ese programa, bautizada como Pioneer 11, que llevaba a bordo una réplica exacta de la placa de Sagan con el mensaje a las estrellas. Un año más tarde, el 19 de abril de 1974, la Pioneer 11 atravesó el gran cinturón de asteroides situado entre las órbitas de Marte y Júpiter, enviando significativos datos de este último planeta, como imágenes de su gran mancha roja y de sus regiones polares. Encaminada luego hacia Saturno, tomó las primeras fotos próximas de su superficie, y descubrió dos nuevos satélites y otros tantos anillos adicionales. Al igual que su compañera de misión, la Pioneer 11 dejó de transmitir poco después, aunque prosigue su viaje hacia el espacio exterior.

Señales en un disco dorado

Cuando la NASA comenzó a preparar el proyecto Voyager, en 1976, Carl Sagan acordó con la agencia formar una comisión oficial que preparara un ambicioso mensaje multimedia, mucho más completo que la placa de las Pioneer. La nueva misión contaría también con dos naves, con el objetivo de alcanzar y explorar la llamada «heliopausa» o perímetro que marca el alcance de las partículas eléctricas del Sol. Allí el viento solar deja su lugar a las partículas interestelares, abriendo el inconmensurable espacio exterior.

La comisión formada por Sagan estaba presidida por él mismo, con su amigo Frank Drake como director técnico, su segunda esposa Ann Duyan como directora creativa, su ex Linda Salzman como coordinadora, el escritor de divulgación científica Timothy Ferris como productor, y el dibujante Jon Lomberg a cargo del diseño. El soporte del mensaje sería un disco audiovisual de 30 cm de diámetro, realizado en una aleación de plata y cobre revestida en oro. Al igual que su antecesora, la misión Voyager consistía en el lanzamiento de dos naves, cada una con su correspondiente disco dorado, protegido por una funda de aluminio que incluía un estuche y una aguja lectora. En una de sus caras repetía parte de la información sobre nuestro planeta que ya llevaba la placa de las Pioneer (suprimiendo las discutidas figuras desnudas) e instrucciones infográficas para el uso del disco.

La información contenida en el disco abarcaba un amplio espectro de imágenes y sonidos, que procuraban reflejar los más diversos aspectos del planeta Tierra y sus habitantes. Entre ellos sendos mensajes del entonces presidente de los Estados Unidos, Jimmy Carter, y del secretario general de las Naciones Unidas, el austriaco Kurt Waldheim[8]. Después podían oírse saludos en 55 lenguas de todo el mundo, tanto actuales como antiguas. A esas voces se agregó una sección llamada *Sonidos de la Tierra*, en la que se incluyen 25 muestras de todo tipo de música, desde obras de Beethoven, Bach, Mozart y Stravinsky, hasta cantos folklóricos de Perú, Bulgaria, Azerbayán o los indios navajos; pasando por piezas de jazz, corridos mexicanos, música tradicional japonesa, un coro ucraniano o un conjunto de percusión de Senegal. Se integraron también varios sonidos producidos por la naturaleza, como el viento, la lluvia, las olas, la explosión de un volcán, o el temblor de un terremoto; seguidos de las voces de la fauna terrestre, como aves, lobos, chimpancés, perros, elefantes, ranas, el trino de los pájaros, un rebaño de ovejas o el canto de las ballenas. Venía luego una parte dedicada a los ruidos de la civilización, donde se oye una herrería, una sierra, un tractor, la sirena de un barco, la marcha de un tren, un autobús y un

[8] Waldheim ejerció también la presidencia de su país entre 1986 y 1992, a pesar de las acusaciones de sus adversarios sobre su participación en los crímenes del régimen nazi. Murió en 2007, y en sus obituarios la prensa internacional dio por probada dicha participación.

automóvil, sin olvidar el vuelo de un F-111 o el despegue del cohete espacial Saturno V. Los sonidos humanos están representados por el ruido de unos pasos, unas risas, y los latidos de un corazón; así como el chasquido del beso de una madre a su bebé. Un tierno detalle, pero tal vez no muy fácil de comprender por un alienígena.

El disco dorado de las Voyager lleva también 155 imágenes que complementan la información sonora. Entre ellas se cuentan las del Sol y de cada planeta de su sistema, la Tierra vista desde la Luna, varios diagramas astronómicos y fórmulas químicas, diversos paisajes terrestres en distintas condiciones climáticas, obras de arte, monumentos, láminas descriptivas, etc. Una de las láminas muestra el diseño esquemático de las principales especies animales, incluyendo a la humana. En el ángulo superior derecho aparecen nuevamente las «escandalosas» figuras desnudas de las Pioneer, aunque en tamaño mucho más pequeño. La comisión presidida por Sagan (e integrada por sus dos sucesivas esposas) parece haber querido enmendar los errores criticados por las organizaciones feministas. En esta ocasión la que saluda alzando la mano es la mujer, mientras el hombre permanece de brazos caídos, y los genitales de ambos se ven con más definición, incluyendo el vello del pubis. En otra ilustración se reproducen las figuras humanas en mayor tamaño, pero como siluetas recortadas en negro, tal vez para evitar problemas con los sectores integristas de los Estados Unidos. El único detalle que rompe esa negritud, es una mancha blanca en el bajo vientre de la mujer, representando el útero. En su interior se ve un pequeño feto, también silueteado en negro. A seguir, y ocupando totalmente otra lámina, se presenta la famosa fotografía de un feto vivo dentro del vientre materno, imagen que entonces dio la vuelta al mundo y que culminaba la también célebre película *2001: Una odisea del espacio* (1968), de Stanley Kubrick, obra maestra indiscutida del cine de ciencia ficción.

El lanzamiento de la Voyager 1 tuvo lugar el 5 de agosto de 1977 desde la base astronáutica de Cabo Cañaveral. En 1979 envió a la NASA datos sobre Júpiter, y al año siguiente alcanzó las cercanías de Saturno. La Voyager 2 fue enviada al espacio el 20 de septiembre de 1977, y en su viaje hacia la heliopausa completó información sobre los dos astros visitados por su compañera, para luego convertirse en la primera sonda espacial que se acercó a Urano (1986) y

La Voyager 1 es actualmente el objeto hecho por el hombre más alejado de la Tierra y fue la primera sonda en proporcionar imágenes detalladas de las lunas de Júpiter y Saturno. Prosigue su viaje por el espacio esperando ser interceptada por una flota de naves interestelares.

DESDE MADRID AL COSMOS

El seguimiento y control de las sondas Voyager, los artefactos espaciales más lejanos enviados hasta ahora por la humanidad, fue confiada a la única instalación de la NASA en España: el Complejo de Comunicación con el Espacio Profundo de Madrid, conocida por su sigla en inglés, MDSCC (Madrid Deep Space Communications Complex). Situada en Robledo de Chavela, localidad de la Sierra Oeste a 63 km de Madrid, la estación pertenece a la estructura de la DSN, y fue inaugurada en 1961 en colaboración con el Instituto Nacional de Técnica Aeroespacial (INTA). Contaba entonces con una antena de 26 m. que se utilizó para comunicarse con la sonda Mariner 4. Posteriormente se agregó otra antena similar, para facilitar el seguimiento del programa Apollo, y una mayor de 64 m de diámetro, que fue ampliada a 70 m al hacerse cargo el MDSCC de controlar la misión Voyager.

Plutón (1989), enviando imágenes y datos de esos planetas más alejados del Sol. Pero la Voyager 1, tal vez por ser la que iba delante, fue la más duradera y comunicativa. En diciembre de 2003 transmitió datos que podrían indicar que había atravesado la frontera de la heliopausa, y en agosto del 2006 informó que se encontraba a 15.000 millones de km del Sol. A más de 30 años de su lanzamiento, prosigue su viaje por el espacio interestelar y continúa transmitiendo sus datos por medio de la Deep Space Network (DSN) o Red del Espacio Profundo. Claro que en ese gran vacío sus transmisiones no son muy interesantes, hasta que una de ellas informe que ha sido capturada por una flota de naves extraterrestres.

Escuchando al Universo

Tenemos que estar dispuestos a ir más allá de nuestro planeta y del sistema solar, para averiguar lo que está ocurriendo realmente allí fuera.

EDGAR MITCHELL (Astronauta de la Apollo XIV)

Hasta las primeras décadas del siglo XX la única forma de estudiar el Universo era observar por medio de telescopios la luz que emitían sus astros. Pero en 1930 el estadounidense Karl Guthe Jansky, ingeniero en comunicaciones, descubrió en la frecuencia de 1.420 MHz radiaciones que no provenían del Sol, sino de otra fuente situada en la constelación de Sagitario, próxima al centro de la Vía Láctea. Jansky dio a conocer su descubrimiento en un artículo del *New York Times* en 1933, pero la empresa en la que trabajaba lo asignó a otras tareas que le impidieron continuar con sus investigaciones. Afortunadamente un técnico en radiofonía de Chicago llamado Grote Reber recogió el testigo a partir del artículo del periódico neoyorquino. Reber era un buen astrónomo aficionado, lo que motivó su interés por el informe de Jansky sobre ondas de radio que provenían del espacio. Uniendo su afición a su profesión, construyó en el patio de su casa un radiotelescopio parabólico consistente en un espejo cóncavo de metal de 9 m de diámetro, dirigido a un receptor de radio fijado a 8 m por encima del espejo. El conjunto se apoyaba en un soporte movible, que podía inclinarse hacia arriba o abajo, pero no era giratorio. Reber inició sus pruebas en 1937 y después de un par de intentos sin éxito, consiguió obtener resultados operando en 160 MHz. En esa frecuencia percibió claramente emisiones que llegaban desde más allá del sis-

tema solar, confirmando el hallazgo de Karl Jansky y sembrando la semilla de una nueva ciencia, la radioastronomía, basada en la recepción de ondas producidas por la radiación electromagnética que emiten las estrellas.

Las ondas de la princesa de Oz

Frank Drake, el astrónomo que colaboró estrechamente con Carl Sagan en los mensajes de las Pioneer y las Voyager, había soñado desde niño que se encontraba con seres extraterrestres. Inclinado hacia la ciencia, pasaba horas junto a sus amigos experimentando con sets infantiles de química, montando radios y desmontando motores. Unos años más tarde, durante sus estudios en la Universidad de Cornell, asistió a una conferencia del reconocido astrofísico Otto Struve, quien aseguró que al menos la mitad de las estrellas de la galaxia tenían sistemas planetarios, y que en algunos de esos millones de planetas podían existir formas de vida. Frank, al ver que una autoridad como Struve compartía sus ideas, reforzó su decisión de buscar signos de vida más allá del sistema solar. Tras obtener sus títulos en electrónica y astronomía óptica en 1960, entró a trabajar en el recién creado Laboratorio Nacional de Radioastronomía (NRAO), en Green Bank, West Virginia.

Basándose en el artículo «Buscando comunicaciones interestelares» (*Searching Interstelar Communications*) publicado el año anterior por los radioastrónomos pioneros Giuseppe Cocconi y Philip Morrison (*Nature*, Núm. 4.690, del 19 de septiembre de 1959), Drake vio la posibilidad de cumplir sus fantasías infantiles. Un día, durante una comida con sus compañeros de trabajo, surgió el tema de la búsqueda de inteligencias alienígenas. Frank aprovechó para exponer su hipótesis de que la radioastronomía podía detectar cualquier señal de vida inteligente en el Universo, ahorrándose la serie de hallazgos astronómicos previos que requiere la búsqueda visual. Esa idea tenía la ventaja de dirigirse directamente a una civilización alienígena lo bastante avanzada como para emitir señales de radio, y la desventaja de no detectar cualquier otro tipo de vida (incluso vida inteligente que por alguna razón no transmitiera ese tipo de señales). No obstan-

Artilugios como el Robert C. Byrd Green Bank (GBT), actualmente el mayor radiotelescopio movible del mundo, permiten la obtención de imágenes con sorprendente resolución, aunque las comunicaciones de una civilización avanzada, probablemente se parezcan mucho más al ruido asociado a fuentes astrofísicas como estrellas y nubes de gas interestelares.

te, varios de los colegas presentes en aquella comida, incluyendo al director provisional del laboratorio, se mostraron entusiasmados por la idea.

El equipo del NRAO, bajo la dirección de Drake, comenzó a trabajar para poner en marcha un programa de búsqueda en el espectro de microondas de una región determinada del espacio estelar. El proyecto fue bautizado «Ozma», nombre de una princesa en el relato *La maravillosa tierra de Oz*, de Frank L. Baum, una de las lecturas infantiles favoritas del astrónomo. Ozma realizó su búsqueda en 1960, sintonizando el radiotelescopio de Green Bank, de 26 m de diámetro, hacia las estrellas Tau Ceti y Epsilon Eridani en una frecuencia de 1.420 GHz. Se escaneó la zona prefijada en una banda de 400 KHz, utilizando un receptor monocanal con un ancho de banda de 100 hertz, y grabando los registros obtenidos en cintas magnetofónicas. Esa búsqueda no encontró ninguna información interesante, pero significó el primer paso hacia una recepción organizada con pautas científicas de posibles emisiones de radio inteligentes desde el espacio exterior.

SETI: las antenas interestelares

El inquietante artículo de Cocconi y Morrison, y la experiencia Ozma, provocaron el interés de numerosos astrónomos de prestigio. En noviembre de 1961 varios miembros del Space Science Board (Comisión para la Ciencia Espacial) organizaron una reunión informal en Green Bank para tratar el tema de la eventual vida extraterrestre inteligente. El coordinador del encuentro, el astrobiólogo del Board J. P.T. Pearman, envió una invitación a los posibles asistentes, en la que especificaba los objetivos del evento: «Examinar, a la luz del conocimiento actual, las prospectivas de la existencia en la galaxia de otras sociedades con las que sea posible comunicarse; intentar un cálculo de su cantidad, considerar algunos de los problemas técnicos para establecer esa comunicación, y examinar las formas en que pueda avanzar nuestra comprensión del problema».

Allí estaban, aparte de Pearman, muchos de los astrónomos y astrofísicos más destacados del momento. Comenzando por el respetado patriarca Otto

El radiotelescopio de Arecibo (Puerto Rico) que recolecta datos radioastronómicos, aeronomía terrestre y radar planetarios para los científicos mundiales, escanea cielos y espacio en busca de señales ópticas o de radio que puedan delatar la presencia de civilizaciones extraterrestres avanzadas.

¿Cuántos hay allá lejos?

La ecuación presentada por Frank Drake es un intento de determinar científicamente los factores que influyen en la cantidad de civilizaciones inteligentes y con capacidad e intención de comunicarse que puede haber en nuestra galaxia, representadas por N. Su fórmula es la siguiente:

N = R x fp ne fl fi fc x L

La ecuación puede entenderse como una serie de preguntas, a las que la astrofísica y la astrobiología debían responder:

Rx representa el número total de estrellas en la Vía Láctea, cifra básica conocida, que actualmente se calcula en unos 25.000.000 millones.
fp es la cantidad de esas estrellas que pueden tener un sistema planetario. La respuesta alcanzaría a un arco entre el 20 y el 50%.
ne es el número de planetas por estrella que la orbitan en su zona habitable, y podrían sostener formas de vida. Se presume que serían entre uno y cinco planetas de un sistema planetario dado.
fl es la fracción de planetas donde la vida pudo haber evolucionado. La imprecisa respuesta señala entre el 1% y el 100% (donde la vida puede evolucionar, lo hace).
fi es el número de planetas fl donde la evolución ha llegado a producir una especie inteligente. Otra vez el registro es muy amplio: de casi 0% hasta el 100%
fc es la cantidad de sociedades inteligentes que pueden y desean comunicarse con otras civilizaciones avanzadas. Se supone que su número está entre el 10% y el 20% del resultado anterior.
L es el lapso de tiempo, medido en años, en el que puede existir una civilización inteligente avanzada e interesada en comunicarse.

Si bien los porcentajes señalados en cada ítem se basan en suposiciones no comprobables científicamente, el valor de la Ecuación de Drake reside en las preguntas, que sirven como guía racional a la tarea de los astrobiólogos.

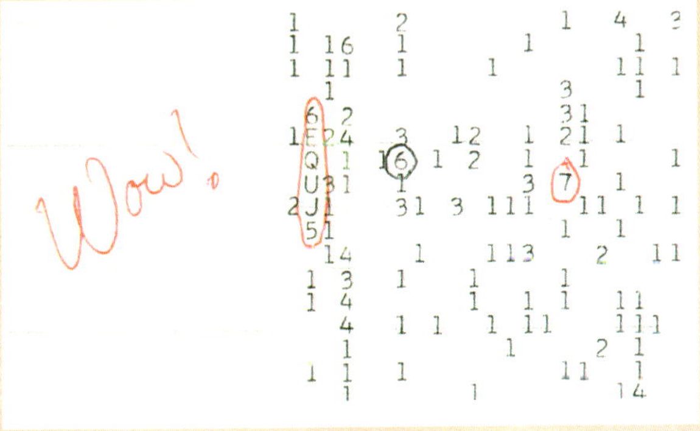

Señal Wow! es el nombre por el cual se conoce en círculos astronómicos a una captación de radio que podría tener un origen extraterrestre y haber sido emitido por seres inteligentes. Muchos astrobiólogos creen que realmente es la única transmisión extraterrestre recibida hasta hoy por el SETI, quizá como mensaje de despedida de una civilización agónica.

Struve, los pioneros Cocconi y Morrison, o el popular Carl Sagan, asistieron también varios nombres ilustres de la bioastronomía, como Melvin Calvin, Dana Atchley, Su-Shu Huang, Bernard Oliver, o John Lilly. Los estudios de este último sobre los delfines como seres inteligentes no humanos, inspiró una extravagante «Orden del delfín» formada por los concurrentes. Melvin Calvin envió a cada uno de sus colegas un botón de solapa que reproducía una moneda griega con la efigie de un delfín, pero la Orden no llegó muy lejos al ser absorbida por el flamante SETI o Search for Extra-Terrestrial Intelligence.

Desde luego nuestro conocido Frank Drake fue una figura destacada de aquel encuentro, donde presentó su famosa «Ecuación de Drake», uno de los escasos soportes teóricos sobre la presunta existencia de civilizaciones extraterrestres. En el transcurso de la reunión llegó la noticia de que Melvin Calvin había sido galardonado con el Premio Nobel de Química de ese año, por sus importantes estudios sobre la fotosíntesis de las plantas. En medio de la alegría y las felicitaciones, el previsor Pearman hizo aparecer por arte de magia unas botellas de champán, y la celebración se tornó aun más jubilosa.

La reunión en Green Bank se considera como el evento fundador del SETI, un programa amplio y abierto en el que participan tanto agencias oficiales como universidades, empresas privadas y colaboradores voluntarios en todo el mundo. La primera institución académica que participó activamente

en el SETI fue la Universidad Estatal de Ohio, que en 1963 creó un programa permanente de búsqueda de emisiones extraterrestres. Para tal fin utilizó un radiotelescopio con antena plana rectangular de 100 m de largo, diseñado por John Kraus. Este físico especializado en electromagnetismo ya había publicado un artículo, en el número de marzo de 1955 de la revista *Scientific America*, describiendo una forma de explorar señales de radio en el Universo usando un radiotelescopio de antena plana con un reflector parabólico. La Universidad de Ohio aprobó el proyecto dos años después, e inició su construcción en un terreno próximo a Delaware, con un fondo de 71.000 dólares donado por la Fundación Nacional para la Ciencia. El programa se presentó con las siglas OSU-SETI, correspondiendo la primera a Ohio State University, y el artilugio de Kraus fue denominado informalmente «La gran oreja».

En los años sesenta del siglo pasado los soviéticos estaban muy interesados en la búsqueda de inteligencia en planetas extrasolares y tenían en marcha varias búsquedas de transmisiones electromagnéticas, utilizando antenas multidireccionales. Su participación en el programa SETI llevó a la colaboración entre el astrofísico ucraniano Iosif Shklovskii y el inquieto astrónomo americano Carl Sagan, coautores del libro *Intelligent Life in the Universe*, valioso texto pionero publicado en 1966[9].

El infatigable Frank Drake y su colega Bernard Oliver, ingeniero de la empresa de tecnología informática Hewlett-Packard, consiguieron en 1971 que la NASA aceptara financiar su proyecto «Cyclops» para la construcción de una red terrestre de 1.500 antenas electromagnéticas distribuidas por todo el mundo. El acuerdo parecía ir sobre ruedas, hasta que ambas partes cerraron cuentas. El total de la inversión necesaria alcanzaba a 10.000 millones de dólares, cifra astronómica (nunca mejor dicho) aun para la NASA en sus buenos tiempos presupuestarios. Lo cierto fue que la Agencia se echó atrás, y la red Cyclops nunca llegó a concretarse. Pero el proyecto de Drake y Oliver serviría de base para muchos otros emprendimientos del SETI.

Por ejemplo, la experiencia realizada el 16 de noviembre de 1974 desde el observatorio de Arecibo, en Puerto Rico. En este caso no se trató de escudri-

[9] Edición en español: *Vida Inteligente en el Universo*, Editorial Reverte, Barcelona, 1985.

Telescopio Keck o observatorio W. M. Keck. El desarrollo de antenas y equipos telescópicos cada vez más sofisticados ha intensificado la exploración del espacio en busca de planetas del tipo de la Tierra.

Interior y exterior de la cúpula del Observatorio Keck, en el que se llevan a cabo observaciones para el proyecto SERENDIP, dedicado a la búsqueda de radioemisiones extraterrestres.

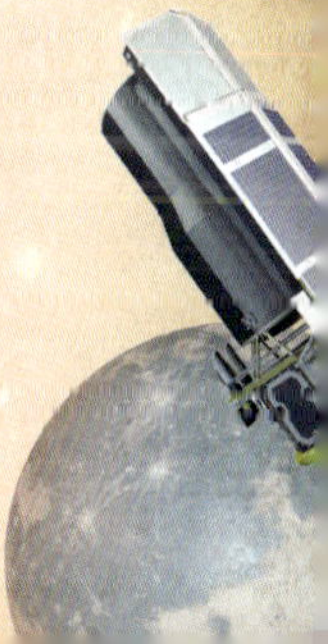

¡WOW!

Entre los primeros colaboradores voluntarios del SETI se contaron muchos científicos que dedicaban su tiempo libre a recibir y registrar el ruido de fondo del Universo, a la espera de una señal irregular que irrumpiera en su monotonía. Uno de ellos era Jerry Lehman, joven profesor de astronomía en la Universidad de Columbus (Georgia, EUA). Jerry, junto con algunos colegas, habían conectado a la «Gran Oreja» de Ohio un ordenador, que registraba los datos recibidos en un código alfanumérico y los imprimía en largos rollos de papel continuo. A las 23,16 de la noche del 15 de agosto de 1977, la impresora registró un dato sorprendente: 6 EQUJ5, que según el código era un sonido aislado treinta veces más fuerte que cualquier ruido de fondo. Como si un súbito alarido astral hubiera aturdido a la Gran Oreja. Jerry Lehman no pudo contener su alegría cuando vio ese sorprendente registro, y cogiendo un bolígrafo escribió ¡WOW! en el margen del papel continuo, encerrando en un círculo esa exclamación de sorpresa admirativa. Los directores y participantes del SETI pensaron que Jerry realmente había encontrado una señal inteligente, pero en sucesivas búsquedas posteriores 6 EQUJ5 no volvió a repetirse. No obstante la expresión ¡WOW!, pasó a utilizarse para designar cualquier gran hallazgo esperado, y muchos astrobiólogos creen que realmente Jerry Lehman pescó la única transmisión extraterrestre recibida hasta hoy por el SETI, quizá como mensaje de despedida de una civilización agónica.

ñar ondas de radio estelares, sino de enviar desde la Tierra un mensaje a las estrellas. La transmisión se dirigió al cúmulo globular M13, a 25.000 años luz de la Tierra. El mensaje, codificado en 1679 dígitos binarios, consistía en los números primos del 1 al 10; el número atómico de los componentes del ADN o ácido desoxirribonucleico (hidrógeno, carbono, nitrógeno, oxígeno y fósforo),

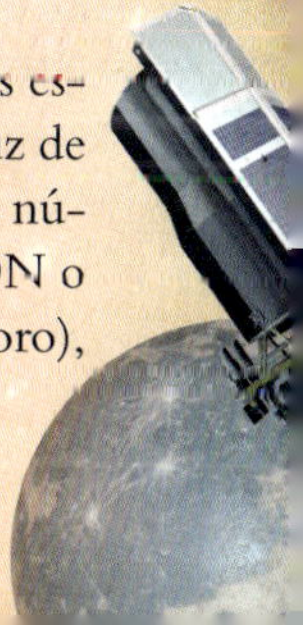

Observatorio Mauna Kea, situado cerca de la cima del volcán inactivo de Hawái. En su interior se encuentra el telescopio Keck. Estos potentes «ojos espaciales» están siempre atentos a posibles señales que permitan descubrir, algún día, un indicio de vida inteligente en el espacio.

así como un gráfico de su estructura helicoidal y la fórmula de sus nucleótidos. Incluía además un gráfico de un hombre de estatura mediana; la población de nuestro planeta en aquel momento; un esquema del sistema solar y otro del radiotelescopio emisor. Se transmitió por única vez en la fecha indicada, en una frecuencia de 2.380 MHz y su emisión duró algo menos de tres minutos. Como era de esperar no obtuvo respuesta, pero significó un importante acto simbólico que, entre otras cosas, aseguró al SETI el uso del radiotelescopio más potente de aquel momento.

Desde entonces el observatorio de Arecibo, administrado por la Universidad de Cornell, se utiliza casi exclusivamente para recopilar datos para el programa SETI. Con una antena de 305 m de diámetro, su capacidad de recepción es tan amplia que no alcanza a procesar toda la información que recibe. Por eso SETI es un programa abierto a colaboradores voluntarios, y actualmente unos 5.000.000 de ordenadores en el todo el mundo están conectados a Arecibo y ayudan a registrar los datos recibidos[10]. El radiotelescopio de Puerto Rico fue durante años el más grande, hasta que en 1977 la Unión Soviética puso en funcionamiento el RATAN-600, consistente en un círculo formado por 895 reflectores rectangulares, que alcanza los 576 m de diámetro.

La Universidad de California en Berkeley lanzó en 1979 un proyecto SETI para la búsqueda de radioemisiones extraterrestres, con el largo y rebuscado nombre en inglés de «Search for Extraterrestrial Radio Emissions from Nearby Developed Intelligent Populations». La sigla resultante es SERENDIP, apócope de «serendipity», que en esa lengua significa hallazgo afortunado, o feliz e inesperada casualidad. Sin duda ese intencionado juego de palabras indica que los astrónomos de Berkeley saben que sólo un excepcional golpe de suerte puede llevarlos a encontrar lo que buscan. Aún no se ha producido ese golpe, a pesar de que tres SERENDIP sucesivos los han mantenido hasta hoy ocupados en explorar las emisiones de la galaxia.

---

[10] Para sumarse a esta red de colaboradores, basta con registrarse en la página web: http://setiathome.ssl.berkeley.edu.

De la META a la BETA

Carl Sagan, junto con el astrónomo y geólogo Bruce Murray, entonces director del Jet Propulsion Laboratory (JPL) de la NASA; y el ingeniero astronáutico Louis Friedman, fundaron en 1980 la Planetary Society (Sociedad Planetaria) como vehículo para coordinar e impulsar los estudios y experiencias del SETI. Poco después se les unió el físico de la Universidad de Harvard Paul Horowitz, que aportó una interesante propuesta: construir un analizador del espectro sonoro diseñado especialmente para el seguimiento de las transmisiones SETI. Los equipos de mesa habituales no eran muy útiles para esa función, por el escaso número de canales que podían utilizar. La idea de Horowitz era emplear el nuevo circuito integrado llamado DSP (sigla en inglés de «Digital Signal Processing») para construir receptores de autocorrelación que podrían registrar mucho más canales. La propuesta se hizo realidad en 1981 con la unidad transportable «Sentinel», un analizador de espectro con una banda de 131.000 canales de alcance, que tuvo su acto inaugural en 1983 con el radiotelescopio de la Universidad de Harvard.

Pero la apreciable cifra de 131.000 canales no era todavía suficiente para un sondeo rápido y detallado de toda la galaxia. La Sociedad Planetaria encomendó a Horowitz el proyecto de un analizador de banda mucho más amplia, que fue denominado unidad META (por Megachannel Extra-Terrestrial Assay). El creativo científico se puso a la labor, financiada en parte por el conocido cineasta Steven Spielberg, fanático partidario de la vida alienígena. Dos años después Horowitz presentó un analizador de espectro que registraba 8.400.000 canales, aparte de utilizar el efecto doppler para distinguir las señales extrasolares de las ondas artificiales de origen terrestre (televisión, radio, y otras). La plataforma META tuvo una segunda experiencia en la META II, iniciada en 1990 cerca de Buenos Aires, Argentina, para indagar el firmamento del hemisferio sur. Sus equipos fueron actualizados en 1996, y todavía hoy siguen en activo.

El paso siguiente en el perfeccionamiento del analizador del espectro audible fue bautizado como BETA, sigla inglesa de «Billion-channel Extra Terrestrial Assay». Si bien en el ámbito anglosajón el término «billion» significa 1.000

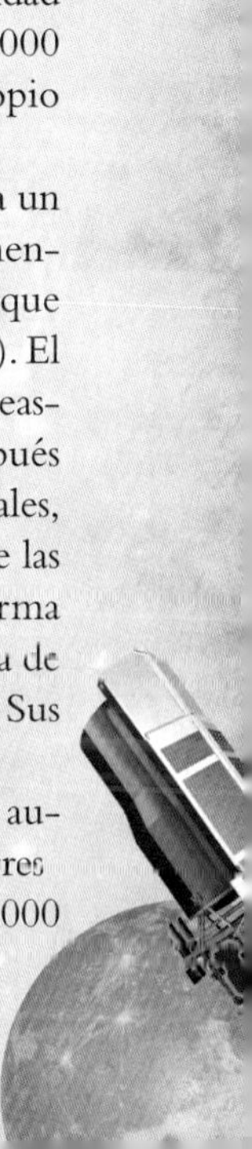

millones (el español «billón» refiere a 1.000.000 de millones), el espectro audible de BETA alcanzaba a 250.000 canales simultáneos, lo que ya es decir. El nuevo ingenio exploraba las microondas sonoras en las frecuencias de 1.400 a 1.720 GHz con ocho señales de dos segundos cada una. Un avance considerable de BETA era su capacidad para volver a observar automáticamente y con rapidez cualquier señal que alterara la transmisión, sugiriendo un posible mensaje inteligente.

El 23 de marzo de 1999 un tempestuoso vendaval derribó el radiotelescopio de Harvard, causando graves daños en su antena de 26 m. Ese accidente marcó el final de META y BETA, y sólo continuó su labor la META II, que utiliza un telescopio del Instituto argentino de Radioastronomía, y como se ha dicho sigue funcionando hasta hoy.

El renacimiento del Fénix

La siguiente iniciativa del SETI fue el ambicioso proyecto MOP (Microwave Observing Program), cuyo objetivo era examinar las microondas sonoras provenientes de 800 estrellas próximas. A largo plazo, el programa debería elaborar un informe general de la Vía Láctea, utilizando las antenas de disco de la Red del Espacio Profundo de la NASA (Deep Space Network, o DSN), además de los potentes radiotelescopios de Green Bank y Arecibo. En principio el MOP fue subvencionado con fondos del Gobierno de los Estados Unidos, pero no por mucho tiempo. Ese costoso programa destinado a buscar por radio civilizaciones extraterrestres, disparó la alarma del Congreso. Varios de sus miembros ridiculizaron la propia idea de la existencia de alienígenas, y otros se preguntaron si el ejecutivo no tenía algo más serio en que gastarse tan abultado presupuesto. El resultado fue la cancelación de la ayuda oficial al programa MOP.

Cuando el Congreso les cortó los fondos, los propulsores del MOP llevaban ya un año trabajando, y no estaban dispuestos a abandonar. En 1994 crearon la asociación sin fines de lucro SETI League Inc., sostenida con el aporte de sus socios y de algunas empresas e instituciones científicas. Actualmente esa sociedad, presidida por el ingeniero aeroespacial y experto en microondas Paul Shuch, cuenta con más de 1.500 miembros activos, repartidos en 62 países. Entre ellos abundan los radioastrónomos, titulados o vocacionales; expertos en análisis de señales digitales; radioaficionados; informáticos, y expertos relacionados con la radiotransmisión estelar y el procesamiento de microondas. El primer emprendimiento de SETI League como entidad científica privada fue elaborado en 1995 en su sede central en Mountain View, California, que «resucitó» el MOP bajo el nombre de proyecto «Phoenix»[11]. Este proyecto continuaba, bajo la dirección de la reconocida astrónoma Jill Tarter, la búsqueda espacial que había sido programada para el MOP. Desde su comienzo hasta su culminación en 2004, el Phoenix analizó las ondas sonoras de las 800 estrellas previstas, empleando tres radiotelescopios, el del observatorio Parkes, en Australia, de 64 m; y los que ya disponía el programa antecesor: el del Observatorio Nacional de Radioastronomía en Green Bank; y el observatorio de Arecibo en Puerto Rico.

Las experiencias del SETI tienen un talón de Aquiles que cada vez se hace más evidente: la falta de algún hallazgo que sugiera mínimamente la existencia de una civilización extraterrestre. Muchos de sus defensores y colaboradores han comenzado a preguntarse si todo el esfuerzo de la organización tiene sentido o ha escogido un camino equivocado para buscar una posible cultura avanzada en otro lugar del Universo. Como ha dicho el polifacético investigador Peter Schenkel: «A la luz de los nuevos descubrimientos y conocimientos, parece apropiado dar un descanso al exceso de euforia y adoptar un enfoque más con los pies en la tierra». Y aludiendo a la Ecuación de Drake añadía: «Debemos admitir sinceramente que los cálculos iniciales de que debe haber un millón, cien mil o diez mil civilizaciones extraterrestres avanzadas en nuestra galaxia, ya no son sostenibles». A pesar de este varapalo, Schenkel siguió colaborando con el SETI hasta su fallecimiento en 2009. Por su parte la organiza-

[11] Phoenix es el nombre en inglés de la mitológica ave Fénix, representación del Sol en el antiguo Egipto y la cultura grecorromana, que moría por la noche y renacía al amanecer.

Antena DSS-34 (34 m). Una de las antenas del centro de Canberra, en Australia.

Antena de la Red del Espacio Profundo de la NASA ubicada en Goldstone, Barstow (California). El ser humano busca de manera incesante alguna pista que nos proporcione algún indicio de que no estamos solos en el Universo, desarrollando para ello sofisticados equipos capaces de captar señales muy lejanas, aunque hasta la fecha no han dado resultados contundentes para constatar la existencia de vida inteligente fuera de nuestro planeta.

LA RED DE LOS «OREJAS PEQUEÑAS»

Con el fin de impulsar la labor de sus colaboradores voluntarios, el SETI desarrolló un método para transformar antenas parabólicas de televisión de entre 3 a 5 m de diámetro, en radiotelescopios reducidos y de sensibilidad limitada. Cualquier aficionado al bricolaje medianamente hábil podía montar uno de estos ingenios, y apuntarse para participar en el nuevo proyecto del SETI denominado Argus. Este programa se proponía formar con esos equipos caseros una red de «orejas pequeñas», que fuera capaz de mantener una escucha permanente de todo el Universo. En la actualidad el proyecto reúne 143 antenas de ese tipo, adaptadas y accionadas por otros tantos colaboradores espontáneos en 27 países. Los instrumentos del proyecto Argos alcanzan una sensibilidad semejante a la de la «Gran Oreja» de la Universidad de Ohio, que utilizaba Jerry Lehman cuando en 1977 apuntó su histórico ¡WOW!

ción le respondió puntualizando que la Ecuación de Drake no era una hipótesis, y por lo tanto nunca había aspirado a ser comprobable ni resuelta. Esa ecuación, aclaraba el SETI, era sólo una excelente agenda de trabajo aprobada en la primera reunión de la entidad en 1961, que sirvió de base para sus tareas y experiencias posteriores. Finalmente se señalaba que la existencia de vida inteligente en la Tierra hace esperable que pueda encontrarse algo similar en otros planetas de la Vía Láctea. Sólo falta que esa civilización extraterrestre se manifieste, para sacudir los cimientos de la civilización terrestre.

En busca de un planeta gemelo

Todo el mundo está emocionado porque nuestro sueño puede hacerse realidad. Estamos en el punto en que podemos comprobar si hay otras Tierras en nuestra galaxia.

WILLIAM BORUCKI
Investigador principal del proyecto Kepler

El 4 de febrero de 2009 fue un gran día para los astrobiólogos. Los responsables del telescopio espacial francés COROT anunciaron el hallazgo del planeta extrasolar más semejante a la Tierra detectado hasta hoy. Se trata del COROT 7b, que orbita una estrella del mismo tipo que nuestro Sol, su tamaño se aproxima al doble del de la Tierra, y según muchos expertos puede estar constituido por superficies líquidas y continentes rocosos más o menos a partes iguales.

Su punto en contra es una órbita muy cercana a su sol, que recorre en sólo 20 horas y le provoca temperaturas altísimas de entre 1.000 y 1.500°C. Por esa razón otros astrofísicos sostienen que su superficie debería estar cubierta de lava o de vapor de agua. Por supuesto, su calor calcinante no admite ningún tipo de vida, pero es el astro exosolar más pequeño de entre los 131 descubiertos por todas las misiones espaciales en 170 sistemas planetarios de la galaxia[12]. Su hallazgo abre serias expectativas para la detección de un planeta de tamaño semejante, dentro de la zona habitable de su estrella y con la posibilidad de generar formas de vida.

[12] Datos confirmados por la agencia espacial europea ESO, al 12 de marzo de 2010.

El temblor de las estrellas

El programa COROT (COnvection ROtation and planetary Transit), sigla tal vez manipulada como homenaje al gran paisajista francés del siglo XIX Camille Corot, fue el primer proyecto espacial destinado específicamente a buscar planetas extrasolares. Desarrollado por el Centre National d'Études Spatiales de Francia (CNES), con la colaboración del Centre National de Recherches Scientifiques (CNRS), así como de otros países europeos y de Brasil, su dispositivo de observación en un telecopio espacial sismográfico fue lanzado en 2006 con el instrumental más avanzado de ese momento. Al igual que las posteriores misiones de este tipo, el objetivo principal del COROT es descubrir un planeta extrasolar con unas condiciones similares a las de la Tierra. Para tal fin utiliza el método de sismología estelar,[13] que le permite estudiar la estructura interna de una estrella al tiempo que detectar el paso de un planeta en su órbita en torno a ella. Su alta tecnología fotométrica y sus periodos de observación que abarcan seis meses sin interrupciones, facilitaron el hallazgo del COROT 7b y le otorgan muchos puntos para detectar finalmente a nuestro planeta gemelo.

El COROT, llevado por un cohete ruso Soyuz 2, fue lanzado al espacio el 27 de diciembre de 2006 y se situó en una órbita polar inerte a 896 km de altura. El campo de observación está orientado en dirección ecuatorial, para evitar perturbaciones por los reflejos de la luz solar. No obstante dos veces al año, en los momentos orbitales en que el COROT está más cerca del Sol, la intensidad de su luz podría cegar totalmente el telescopio. Para impedirlo, el observatorio de Tierra dirige una maniobra de reversión, con lo que divide el año en dos periodos semestrales llamados por analogía «verano» e «invierno». El canal de sismología registra los datos de angulación que orientan el sistema de

---

[13] La sismología estelar, al igual que la terrestre, puede detectar sismos, en este caso producidos por ondas acústicas generadas en el interior profundo de una estrella y enviadas a través de su superficie, alterando su luminosidad. Determinar la naturaleza exacta de las ondas permite calcular la masa de la estrella, su edad, e incluso su composición química.

control, mientras la estación terrestre perfila la maniobra de puntualización, definiendo su modalidad por medio de una Cámara Avanzada de Información o ACS (en inglés, Advanced Camera for Survey).

Debido a la eficaz combinación de su instrumental, el COROT puede orientarse en dirección a la Tierra y trazar un cono con un radio de diez grados. Al proyectarlo sobre el firmamento, el cono sitúa los dos «ojos» del telescopio para seleccionar la zona estelar a observar. Desde la estación base se efectúa una maniobra de cambio en la inclinación del COROT, que induce una leve deriva orbital. Esto permite ampliar el campo visual y acercar las estrellas que van a observarse al centro óptico, donde el nivel de desviación lumínica es más bajo. La misión encontró su primer exoplaneta (COROT-1b) el 3 de mayo de 2007. Se trata de un gigante gaseoso, al igual que los otros cinco descubiertos por su observación estelar en los años siguientes, hasta la feliz detección del pequeño COROT-7b. Estaba previsto que la misión COROT durara dos años y medio, pero luego se postergó hasta el 2010 y, a la vista de la resistencia del telescopio y sobre todo de su exitoso hallazgo, en octubre de 2009 se decidió extenderla hasta el 2013. Sus promotores están convencidos de que seguirá descubriendo nuevos planetas extrasolares, y tal vez el tan buscado gemelo de nuestra Tierra.

Los responsables del telescopio espacial francés COROT anunciaron el hallazgo del planeta extrasolar más semejante a la Tierra detectado hasta hoy. Se trata del COROT 7b, que orbita una estrella del mismo tipo que nuestro Sol.

Explorando la galaxia

La misión Kepler es el nombre de un nuevo, ambicioso y sofisticado proyecto de la NASA para retomar la búsqueda óptica de planetas extrasolares por medio de recursos de última generación. Estos consisten en un telescopio espacial en órbita a 1.500 Km de la Tierra, dotado con la cámara más grande que se haya enviado al espacio y con un fotómetro diseñado para registrar de forma continua, en un determinado campo de observación, el brillo de 145.000 estrellas de la secuencia principal. Los datos recogidos son procesados para detectar fluctuaciones lumínicas periódicas que puedan revelar la presencia de uno o más planetas orbitando una estrella. Como se ha explicado antes, el probable planeta se revela por su paso sucesivo frente al campo visual de la estrella, lo que provoca una leve variación de la magnitud aparente de ésta. En el caso de un planeta exosolar semejante a la Tierra, el telescopio Kepler captaría una reducción del 0,01% en la magnitud de su estrella, lo que muestra la elevada precisión del instrumental utilizado. El grado de esa reducción en el brillo de la luz estelar permite deducir el diámetro del planeta, y el intervalo de tiempo entre dos tránsitos informa sobre su periodo orbital, que puede definir el eje semimayor[14] —según, precisamente, las leyes de Kepler—, y su temperatura según los modelos de radiación estelar. O sea que, con sólo registrar un leve descenso periódico en el brillo de una estrella, el telescopio espacial Kepler puede ofrecer varios datos básicos sobre un planeta que la orbita.

El telescopio espacial Kepler fue lanzado sin problemas desde la base de Cabo Cañaveral, el 7 de marzo de 2009. Actualmente está cumpliendo activamente su misión, cuya finalidad es investigar la estructura y diversidad de los sistemas planetarios de numerosas estrellas de nuestra galaxia, estableciendo los siguientes objetivos:

- Determinar el número de planetas semejantes a la Tierra o mayores, situados en la zona habitable de una amplia variedad de estrellas de diferente espectro lumínico.

---

[14] En matemáticas, el eje semimayor es la mitad del diámetro más largo de una elipse. En astronomía, es la distancia media de un objeto astral que orbita alrededor de otro.

Lanzamiento de la sonda Kepler a bordo de un cohete Delta II. La vida fuera de la Tierra representa el misterio insondable del que algunos se han hecho fervorosos creyentes y que podría ser aclarado por la misión de la Kepler.

USAF
ULA
DELTA
339

• Investigar la extensión y forma de la órbita de esos planetas.

• Explorar cuántos planetas forman parte de los sistemas planetarios múltiples.

• Identificar objetos astrales adjuntos que puedan formar parte de dichos sistemas.

• Analizar las propiedades específicas de las estrellas que poseen un sistema planetario.

• Determinar el tamaño, luminosidad, órbita, masa y densidad de los planetas gigantes de corto periodo.

La mayoría de los planetas descubiertos hasta ahora por otros programas de detección, son gigantes gaseosos del tamaño de Júpiter (diámetro ecuatorial: 142.984 km) o mayores que éste. El telescopio orbital Kepler puede registrar planetas entre 30 a 600 veces menos masivos, lo que incluye aquellos con un tamaño próximo al de la Tierra (12.740 Km de diámetro, suponiendo que fuera una esfera perfecta). La mayor posibilidad de encontrar un planeta extrasolar se da cuando su «sol» es una estrella amarilla tardía del tipo G, como Tau Ceti, Alfa Centauro A, o el propio Sol. Además, como todos los planetas de un sistema dado tienden a orbitar en un mismo plano espacial, la probabilidad de registrar dos o más planetas en una sola observación es bastante alta (si un telescopio extraterrestre registrara el paso de la órbita de la Tierra sobre el Sol, hay un 12% de posibilidades de que también detectaría el tránsito de Venus). La probabilidad de que un planeta cruce una estrella sobre el campo de observación del Kepler se establece dividiendo el diámetro de la estrella por el diámetro de la órbita. Para un planeta como la Tierra, que orbitara su estrella a la misma distancia de una UA[15], la probabilidad sería del 0,465%, o sea alrededor de una sobre 215.

Después de realizar desde el observatorio en Tierra algunas correcciones en la óptica del fotómetro entre abril y junio de 2009, el Kepler comenzó a enviar correctamente sus esperados datos científicos. El día 6 de agosto la NASA convocó una conferencia de prensa para exponer las primeras informaciones recibi-

[15]UA es la sigla de Unidad Astronómica, una medida de longitud referida a la distancia media de la Tierra al Sol, calculada sobre la órbita terrestre, equivalente a 149.597.581 Km. También suele representarse como «ua» en letras minúsculas.

Interior del módulo de lanzamiento de la sonda Kepler, momentos antes de su despegue. (*En página siguiente.*) Espejo principal del Kepler, de 1.4 metros de diámetro. Este artefacto cuenta con una tecnología fotométrica muy precisa para medir el brillo de las estrellas, y a partir de las variaciones de éste la Kepler descubrirá la existencia de otros planetas.

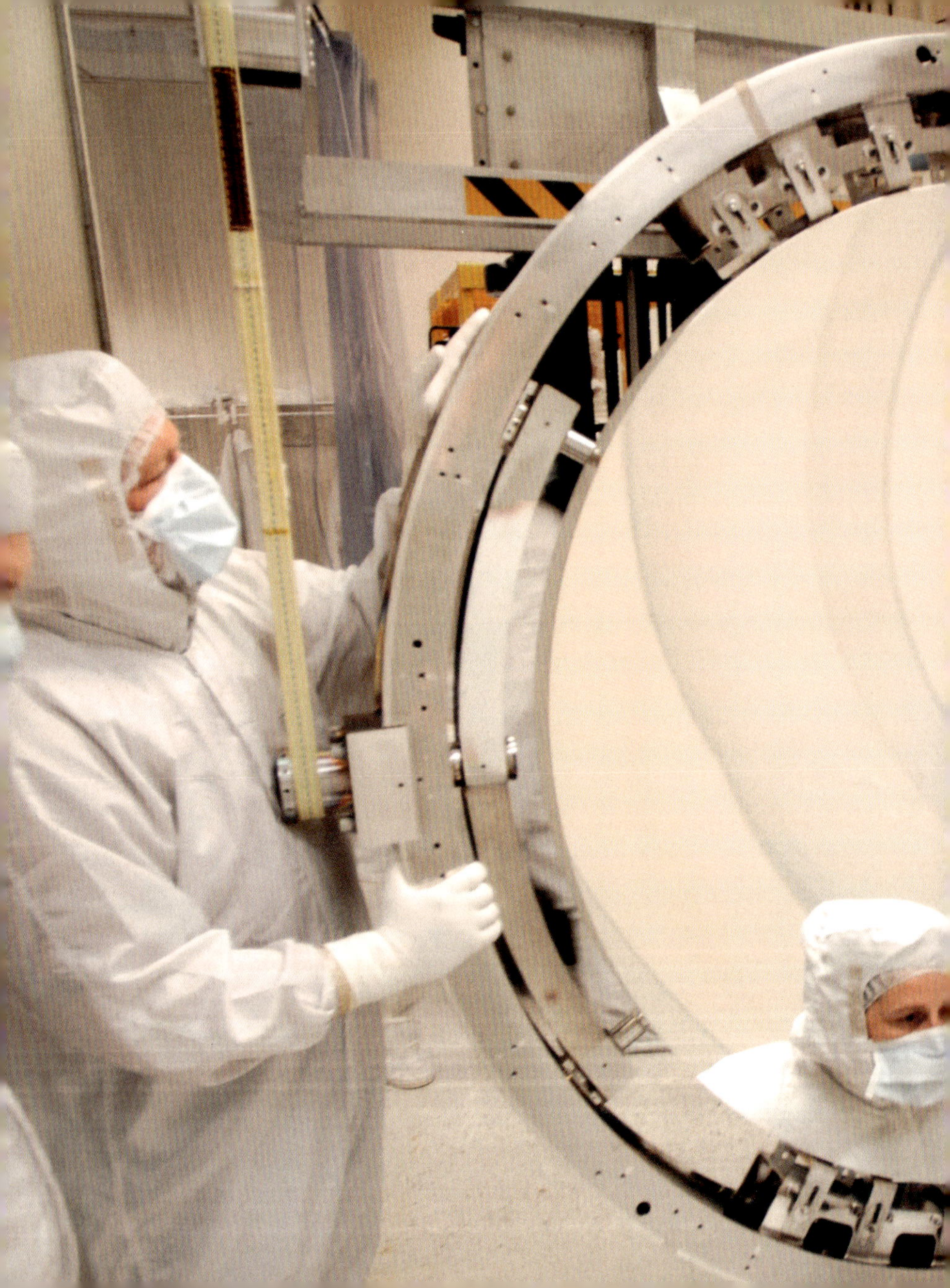

das. Las noticias más importantes fueron la confirmación de la existencia del exoplaneta HAT-P-7b, hasta entonces dudosa, y la comprobación de que el Kepler era capaz de detectar objetos astrales del tamaño de la Tierra. Por otra parte, un problema a abordar fue la presencia de las llamadas «estrellas variables», que alteran periódicamente por sí mismas la intensidad de su brillo. En tanto los cambios regulares de luminosidad son el medio esencial que utiliza el Kepler en sus observaciones, esos descensos del brillo podían confundirse con el paso de un planeta extrasolar. En sus exploraciones iniciales el telescopio orbital detectó 7.500 de esas estrellas variables, y la NASA decidió eliminarlas de la lista de candidatas a ser estudiadas, reemplazándolas por otras de intensidad lumínica estable.

El informe de la NASA

En la reunión anual de la Sociedad Astronómica Americana, celebrada el 4 de enero de 2010 en el hotel Marriott de Washington, la NASA presentó los resultados más significativos obtenidos hasta entonces por el proyecto Kepler. El investigador principal del equipo científico que dirige el programa, William P. Borucki, dijo en su disertación que «durante el primer mes de la operación, el fotómetro detectó cerca de cien estrellas con señales de un posible tránsito orbital. Un análisis más cuidadoso de esas observaciones demostró que muchas de ellas eran falsamente positivas, como en el caso de pequeñas estrellas orbitando una más grande, o un eclipse de fondo en estrellas binarias. No obstante, el seguimiento desde Tierra de otras observaciones confirmó la detección de exoplanetas que van de 0,6 a 1,5 veces el tamaño de Júpiter, con periodos orbitales de entre seis y nueve días». Luego presentó los datos de los cinco planetas extrasolares encontrados por el telescopio, catalogados como Kepler 4b, 5b, 6b, 7b y 8b.[16] Este tipo de planetas, conocidos como «Júpiteres calientes», tienen temperaturas

[16] La cuenta comienza en 4b, porque los tres exoplanetas que el equipo del Kepler había descubierto por observaciones terrestres (TrES-2, HAT-P 7b y HAT-P 11b) se incorporaron a la lista del proyecto como Kepler 1b, 2b y 3b.

superiores a los 100°C, lo que los descarta en principio como huéspedes de cualquier forma de vida. Pero según John Morse, director de la División de Astrofísica de la NASA, «es sólo cuestión de tiempo el que nuevas observaciones del Kepler descubran planetas más pequeños con periodos orbitales más extensos, acercándose cada vez más al descubrimiento del primero que sea análogo a la Tierra». Borucki añadió que estas observaciones contribuyen a la comprensión de cómo, a partir de los discos primigenios de gases y polvo cósmico, se forman y evolucionan tanto las estrellas como sus planetas.

De momento el afinado fotómetro del Kepler ha observado cientos de posibles señales del paso de un planeta frente a su estrella, que están siendo examinadas en Tierra por el equipo científico de la misión. Los observatorios terrestres han confirmado los cinco planetas mencionados, y el telescopio orbital continuará sus operaciones por lo menos hasta noviembre de 2012. Este plazo fijado para su misión no es casual, ya que lo habitual es que el tránsito de un planeta orbitando en la zona habitable de una estrella semejante al Sol, mantenga una frecuencia de más o menos un año. Como la verificación científica de este tránsito orbital exige que se compruebe por lo menos tres veces, llevará alrededor de tres años descubrir y confirmar la

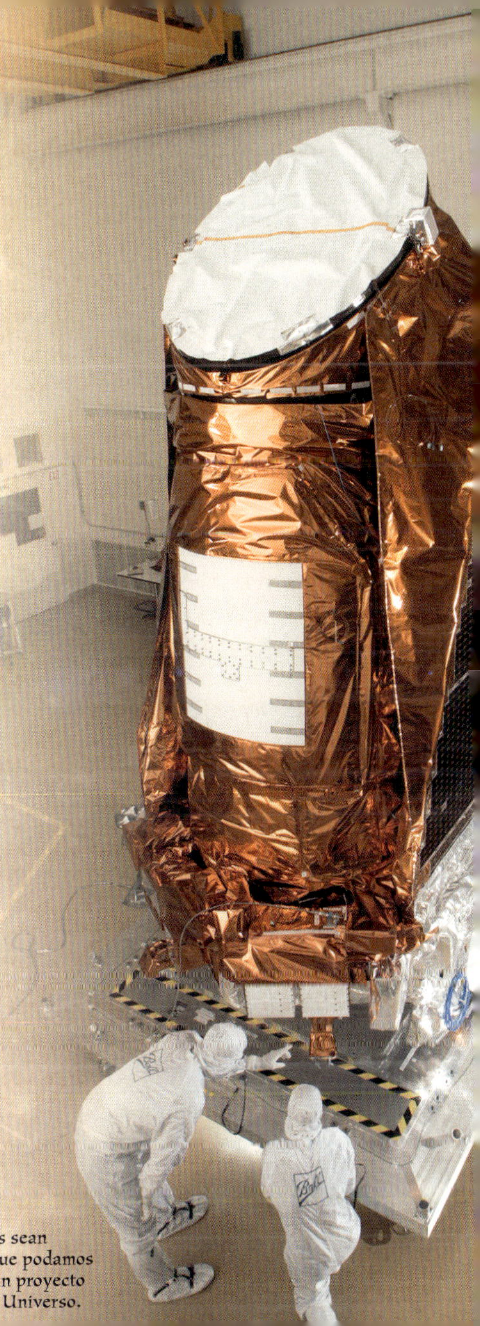

La Misión Kepler busca planetas cuyas características sean favorables para la vida. ¿Un posible nuevo hogar al que podamos viajar? ¿Existirán otros seres similares a nosotros? Un proyecto que pretende definir si somos o no una excepción del Universo.

Los planetas moribundos

Es posible que el Kepler y otros programas de observación estelar encuentren, tarde o temprano, el ansiado planeta gemelo de la Tierra. Pero en su búsqueda tropiezan con un horrible tipo de planetas, en los que es imposible la existencia de vida. Se trata de astros moribundos, sitios que superan los más tétricos escenarios de los films de terror. Tres de los primeros exoplanetas descubiertos, detectados en 1992 y catalogados como PSR!257+12 a, b, y c, son un extraño ejemplo de ese tipo de astros. Todo el sistema planetario es un desolado cementerio, despojos de la explosión de su estrella para convertirse en una efímera supernova. El núcleo restante de ese estallido forma una estrella zombie del tipo pulsar, alrededor de la cual siguen girando los planetas muertos. Éstos, como si se revolvieran en su tumba, giran sobre sí mismos en una rotación completa cada 6,22 milisegundos, emitiendo una intensa radiación que los envuelve por completo y los hace absolutamente inhóspitos para la vida.

presencia de un planeta extrasolar. Como ha dicho William Borucki: «Las observaciones del Kepler nos dirán si hay muchas estrellas con planetas que pueden alojar vida, o si podríamos estar solos en nuestra galaxia».

Los rastreadores del cielo

El programa Kepler no es, ni mucho menos, el punto final en la búsqueda de planetas extrasolares. Ahora mismo se están desarrollando varios proyectos con innovaciones tecnológicas que facilitarán el hallazgo de astros similares a la Tierra. Lo cierto es que hasta este momento se han detectado, entre otros objetos

Los planetas conocidos como «Júpiteres calientes» tienen temperaturas superiores a los 100°C, lo que los descarta, en principio, como huéspedes de cualquier forma de vida.

espaciales, los llamados gigantes gaseosos o júpiteres calientes, por su gran tamaño semejante o a menudo mayor que el de nuestro quinto planeta. Este tipo de astros resultan fáciles de detectar con los sistemas actuales, por su gran volumen y su recorrido orbital muy breve, que facilitan la detección y control de sus radiaciones lumínicas. Pero esa ventaja no resulta útil, porque sabemos que en los gigantes gaseosos no es posible la vida, ni tal como la conocemos ni en ninguna otra forma imaginable. Los exobiólogos suponen, con argumentos científicos muy razonables, que sólo un planeta con características parecidas a las de la Tierra podría alojar seres vivos, y sobre todo una especie inteligente. Pero esos «gemelos», por su reducido tamaño y su escasa luminosidad, son muy difíciles de encontrar con los actuales telescopios, terrestres, orbitales o espaciales.

La propia NASA, mientras espera nuevas noticias del Kepler, está preparando en su Jet Propulsion Laboratory un artilugio más sofisticado que denomina SIM (Space Interferometry Mission). Su gran innovación es el uso de la interferometría, desarrollada hace más de un siglo por Albert Michelson, el primer científico estadounidense en ganar un Premio Nobel de física en 1907. El invento no encontró gran aplicación práctica, porque sólo podía desarrollar todo su potencial al margen de las distorsiones que produce la atmósfera terrestre. En esa condición, impracticable antes del surgimiento de la astronáutica, es ahora posible combinar la luz que captan dos o más telescopios, como si fueran partes de un espejo gigantesco. Esa técnica, adaptada para emplearla en el espacio a través de la misión SIM, permitirá determinar la posición y distancia de las estrellas y buscar en las más cercanas el esquivo planeta gemelo de la Tierra. Utilizando la interferometría, SIM alcanzará una precisión cientos de veces más certera que cualquier programa anterior de observación estelar.

La Unión Europea participa en la búsqueda de una posible casa de E.T. por medio de los recursos de la ESA (European Spacial Agency), una discreta réplica de la agencia americana. Allí se está elaborando un nuevo proyecto denominado Darwin, en homenaje al padre del evolucionismo. Su fin específico es detectar planetas extrasolares del tipo de la Tierra, y sus posibilidades de alojar seres vivos. Su observatorio espacial se desplazará en una órbita lejana apuntando en dirección opuesta al Sol, y constará de una nave madre y tres telescopios, cada uno de tres metros de diámetro. Estos telescopios formarán el interferó-

El planeta extrasolar HD 209458b, llamado provisionalmente «Osiris» evapora a un ritmo tan alto el oxígeno y carbono de su atmósfera que ha sido propuesta una nueva clase de planetas, los chthonianos, caracterizados por ser núcleos «muertos» de planetas gigantes cuyo gas se ha evaporado completamente.

metro volando en formación como una escuadrilla de aviones de combate, y enviarán la luz que reciben a la nave principal. Ésta estará provista del ingenio que combina los tres haces lumínicos, los espectógrafos para medir su intensidad, y cámaras para filmar todos los registros procesados.

La órbita del Darwin se situará a 1.500.000 Km de la Tierra, en una posición llamada punto de Lagrange L2.[17]. Esta zona espacial es muy apropiada para una observación estelar continuada, en tanto el Sol, la Tierra y la Luna quedan detrás del telescopio observador. La búsqueda estudiará la región infrarroja del espectro electromagnético, más apta que la luz visible para detectar el eclipse que provoca el planeta al pasar frente a su estrella. Quizá lo más interesante del observatorio Darwin es la posibilidad de establecer interferómetros de supresión, que interfieren y anulan la luz de la estrella central, resaltando la del planeta que transita en órbita. La presencia de un planeta extrasolar deberá confirmarse en observaciones parciales a lo largo de varios meses, que en total suman unas diez o doce horas de registros lumínicos. Luego, analizando el espectro infrarrojo, se podrá establecer la composición de su atmósfera, con el fin de encontrar los elementos químicos que se consideran básicos para dar origen a la vida.

De todas formas, aunque se llegara a encontrar un planeta de tamaño, composición, atmósfera y climatología exactamente iguales a las de la Tierra, eso no significaría que tuviera necesariamente algún tipo de vida. Hemos visto que las condiciones de su origen son muy complejas, y que su evolución hacia formas superiores contiene un alto porcentaje de casualidad. Desde luego no es imposible que esas condiciones y casualidades —u otras muy similares— se hayan repetido en un planeta extrasolar. El problema es encontrarlo entre los millares o quizá millones de «gemelos» que sin duda se irán detectando con nuevos avances de la astronomía y sus artilugios exploradores de estrellas. Ese es el desafío de los astrobiólogos, que saben que su éxito depende en gran medida de un factor tan fundamental como imprevisible: la buena suerte.

---

[17] L2 es uno de los cinco puntos o zonas establecidas en 1772 por el matemático ítalo-francés Joseph-Louis Lagrange, donde la atracción gravitatoria combinada de dos masas considerables (la Tierra y el Sol) proporciona a un tercer cuerpo interpuesto la fuerza centrípeta necesaria para orbitar sincrónicamente con la menor de ellas.

¿No están o no los encuentran?

A veces pienso que la prueba más evidente
de que existe vida inteligente en el universo,
es que nadie ha intentado contactar con nosotros.

BILL WATTERSON
Humorista estadounidense

Una mañana de 1950 cuatro científicos nucleares del Laboratorio Nacional de Los Álamos, en Nuevo México, daban un paseo antes del almuerzo. Se trataba del físico de origen italiano Enrico Fermi, su estrecho colaborador Edwar Teller (co-creador de la bomba H), y sus colegas Emil Konopinski y Herbert York. Durante el camino comentaban la eclosión de noticias sobre avistamientos de «platos volantes», y el extendido temor popular a una invasión extraterrestre. Fermi era ya un investigador consagrado, ganador del Premio Nobel de física en 1938 por haber desarrollado el primer reactor nuclear y por sus aportaciones a la teoría cuántica y la física de partículas. En determinado momento, planteó una cuestión inquietante: si la inmensidad del Universo, y dentro de ella no menos de 200.000 millones de estrellas sólo en la Vía Láctea, indicaban una fuerte probabilidad para la existencia de civilizaciones extraterrestres, ¿por qué no conseguíamos encontrarlas ni nos llegaba manifestación alguna de su existencia? Uno de los otros aventuró que quizá porque esas civilizaciones estaban demasiado lejos, a muchos millones de años luz de la Tierra. Ya en el restaurante, se pasó a discutir la posibilidad de que la astronáutica llegara a conseguir naves espaciales más rápidas que la velocidad de la luz. De pronto Fermi, que llevaba un rato en silencio mientras hacía rapidísimos cálculos en su libreta, dio un fuerte golpe sobre la mesa y exclamó:

Sistema PSR B1257+12 con los campos magnéticos del pulsar destacados por un torbellino azul resplandeciente.
El descubrimiento de varios planetas orbitando la pulsar PSR 1257+12 en la constelación de Virgo, a 980 años luz de la Tierra intensificó, probablemente, la exploración del espacio en busca de planetas del tipo de la Tierra.

«¿Dónde están todos ellos?» (*Where is everybody?*). Esa fue la gran pregunta que desde entonces intentan responder los buscadores de planetas extrasolares.

La paradoja de Fermi

La divulgación de la estimulante cuestión enunciada por Fermi motivó ardorosas discusiones en los ámbitos de la naciente astrobiología, donde se la empezó a mencionar como «La paradoja de Fermi». La ciencia oficial, por su parte, consideraba a la incógnita planteada por el físico italiano poco más que un juego de lógica, un entretenimiento para esos fantasiosos exobiólogos que se dedicaban a buscar «marcianitos». Pero más tarde la consagración de esa búsqueda por parte de figuras respetadas como Carl Sagan o Frank Drake, con el apoyo de la propia NASA, incorporó la astrobiología a la lista de nuevas disciplinas en auge. La paradoja de Fermi fue completada y desarrollada en un artículo publicado en 1975 por el matemático y astrofísico Michael H. Hart, que le dio el impulso definitivo como referente para definir la existencia o no de civilizaciones alienígenas. Numerosos trabajos posteriores intentaron resolverla, ya sea buscando demostrar la presencia de extraterrestres en planetas extrasolares, o en el otro extremo, sosteniendo que la existencia de una sociedad avanzada fuera de la Tierra era imposible, o se daría tan raramente que no acertaríamos a contactar con ella. La controversia no implicó sólo a la astrobiología, sino también a la astrofísica, la ecología, la teología, la filosofía, y otras ciencias, a menudo en versiones interdisciplinarias.

Una paradoja es una forma de «oxímoron», figura retórica que consiste en superponer dos significados opuestos, con resultado contrario a la lógica y generalmente con intención crítica o sarcástica. En el caso de la de Fermi, la conjunción se da entre un argumento por escala (dado el gran número de astros, debe haber civilizaciones extraterrestres) y una contradicción de éste (no ha habido ningún contacto con civilizaciones extraterrestres). El matiz irónico está implícito en la crítica subyacente del trabajo de Hart: «O estáis buscando lo que no hay, o no lo estáis haciendo bien».

Veamos ahora un análisis más detenido de este célebre oxímoron, a veces llamado Paradoja de Fermi-Hart por la sustancial contribución de este último al desarrollo de dicho análisis. El argumento por escala es indiscutible, por las enormes cifras que lo apoyan. Los mencionados 200.000 millones de estrellas de la Vía Láctea, son sólo una pequeña parte de los cerca de 70.000 billones que pueblan el Universo visible. No parece razonable que en ese inmenso campo de posibilidades, sólo nuestro pequeño planeta Tierra haya generado una civilización inteligente. Aplicando esas cifras a los promedios de las presunciones de la Ecuación de Drake, el resultado supondría que en nuestra galaxia hay unos 8.000 planetas con civilizaciones inteligentes avanzadas, que desean comunicarse con otras sociedades semejantes. Esta suposición asume el Principio de mediocridad, que sostiene que la Tierra es un astro común, perteneciente al más numeroso conjunto de planetas registrados, denominado la Línea principal. O sea, que no tiene nada de especial o particular, y está sujeto a las mismas leyes, fenómenos y reacciones que cualquier otro; un vulgar «guijarro en el cielo» como lo denominó acertadamente Arthur Clarke. Es decir, no posee ningún rasgo que lo distinga como mejor dispuesto para la generación y desarrollo de la vida, que otro astro de las mismas características.

Con el GTC (Gran Telescopio Canarias) se podrá «ver» muy lejos en el espacio y en el tiempo, siendo posible buscar planetas más allá del Sistema Solar. Se explorarán galaxias primigenias, la estructura del Cosmos a gran escala, la materia oscura y la Vía Láctea.

El segundo extremo de la Paradoja de Fermi es una refutación indirecta del primero. Dada la tendencia de toda inteligencia a superar la escasez y su presunta habilidad para ocupar nuevos habitats, cualquier civilización extremadamente avanzada buscaría en algún momento de su evolución la conquista de otros planetas, primero en su propio sistema solar y después en los más cercanos. Sin embargo, en casi 15.000 millones de años de la historia del Universo, no se ha comprobado ninguna evidencia de que existiera algún tipo de sociedad inteligente con excepción de la terrestre.Y menos aún se dispone de pruebas de civilizaciones tecnológicas avanzadas capaces de vuelos interestelares, con el ánimo de establecer contacto con otra sociedad semejante. Retornamos así a la opción de Michael H. Hart: o la inteligencia alienígena no existe, o la forma en que la astrobiología la imagina y la busca es totalmente errónea.

La conclusión anterior puede considerarse desde dos interrogantes. El primero pregunta por qué no existe evidencia científica de la presencia en nuestro planeta de alienígenas o de sus naves. Un viaje interestelar por la Vía Láctea, aun utilizando la velocidad «lenta» al alcance de nuestra actual tecnología, duraría sólo entre 5 y 50 millones de años según la distancia del punto de destino. La cifra puede parecer desmesurada, pero en una escala cosmológica es apenas un instante, sin considerar las sorpresas que puede deparar el espacio-tiempo curvo de la teoría einsteniana. Sabemos que muchas estrellas son más antiguas que el Sol, y por lo tanto en cualquiera de sus planetas pudieron florecer civilizaciones inteligentes muy anteriores a la nuestra y mucho más avanzadas. ¿Por qué no aparecieron por aquí ni nos envían mensajes o señales de radio?

El argumento anterior sólo vale para la Vía Láctea, en tanto la distancia con otras galaxias es tan extensa, que el tiempo necesario para recorrerla es casi inconmensurable. No hay que descartar entonces una nave espacial alienígena de, supongamos, Andrómeda, que esté viajando hacia nosotros desde que por aquí aún no había rasgos de vida.Y todavía le quedaría mucho camino por recorrer. Fantasías aparte, que ya tenemos bastantes, una civilización semejante a la nuestra —con emisiones de radio y televisión, teléfonos celulares, una o más estaciones en órbita, numerosos satélites artificiales y lanzaderas que van y vienen por el espacio, etc.—, sería fácilmente detectable por los métodos y artilugios que utiliza actualmente la astrobiología.

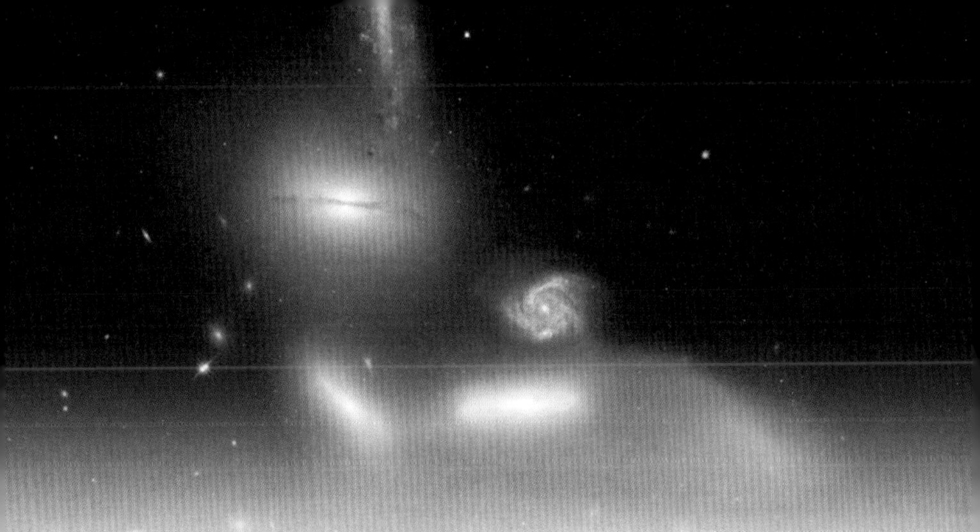

¿Dónde están todos ellos?

La infructuosa pregunta lanzada por Enrico Fermi en el restaurante de Nuevo México es el punto de apoyo de su paradoja y responderla significaría desmontar el oxímoron. En capítulos anteriores hemos reseñado los intentos realizados en los últimos cincuenta años por diversas instituciones y científicos, que se empeñan en hallar un planeta habitable como primer paso para un eventual contacto con un mundo alienígena. Como todavía nuestra astronáutica no dispone de tecnología que permita los viajes interestelares, esos intentos se han basado en mensajes gráficos adosados a sondas espaciales (las *Pioneer* y *Voyager*), o enviados por ondas radiomagnéticas (el mensaje de Arecibo) que además se analizan en busca de señales estelares inteligentes (básicamente el programa SETI), el envío de telescopios extrasolares como el Hubble, o la colocación de potentes telescopios orbitales, como el flamante y sofisticado Kepler.

Sin embargo, en ese medio siglo de intensa y diversa exploración, los resultados han sido francamente nulos. Hubo algún momento en que se creyó haber acertado en el blanco, como en el caso de la detección de los pulsares en

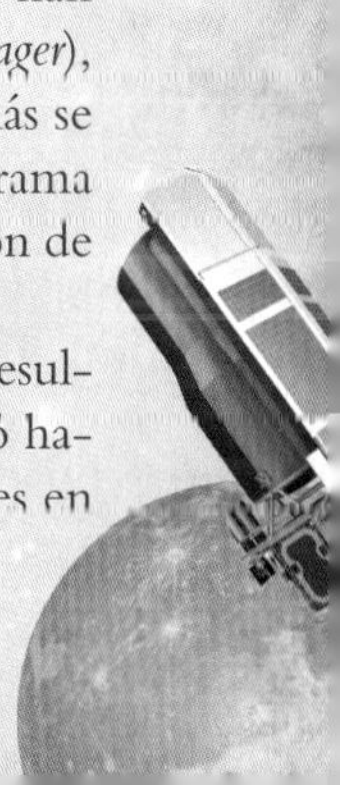

A lo largo del espectro, el tremendo brillo de las Seyfert puede cambiar en periodos de sólo unos días o meses y se sospecha que galaxias como NGC 7742 albergan agujeros negros masivos en sus núcleos.

1967. La repetición precisa de sus pulsiones no se explicaba sin una civilización inteligente, e incluso se llegó a llamarlos LGM (Little Green Men), en alusión a los hombrecillos verdes que poblaban los supuestos encuentros con extraterrestres y aparecían dibujados en los cómics de ciencia ficción. Naturalmente ningún hombrecillo le daba repetidamente a un botón para enviar esas pulsaciones, en realidad producidas por pequeñas estrellas de neutrones. Otra muestra son las galaxias Seyfert, descubiertas en 1943, que poseen un núcleo tan brillante y compacto que semeja una gigantesca estrella. En un principio se sospechó que esa tremenda combustión era producto de catástrofes industriales, por la enorme energía que emitía directamente al espacio. Pero después se supo que en realidad era el anuncio de su etapa final, antes de la acreción en un agujero negro.Y nadie volvió a hablar de centrales nucleares extraterrestres que saltaban por los aires.

Los hombrecillos verdes, si es que existen, siguen bien escondidos en su recóndito planeta. No obstante los tenaces exobiólogos continúan desarrollando recursos para encontrarlos, y eventualmente descubrir en directo algunos testimonios de su existencia. El análisis espectrográfico puede detectar en la atmósfera de un exoplaneta la presencia de gases necesarios para la vida, como el metano y el oxígeno, o empleando microlentes gravitacionales detectar planetas «pequeños» de un tamaño aproximado al de la Tierra, en principio más aptos para generar vida. Pero la dimensión de la galaxia es tan enorme y esos signos de vida tan aleatorios, que el esperado hallazgo sigue dependiendo en última instancia de un afortunado «serendipity».

Sondas para el diálogo

En la historia reciente de nuestra astronomía se han explorado, estudiado, fotografiado, filmado, televisado e incluso visitado, la mayor parte de los planetas del sistema solar. Para ello se utilizaron sondas, telescopios, y otros ingenios espaciales no tripulados, en comunicación permanente o periódica con una base terrestre. ¿Sería posible hacer lo mismo en la totalidad de nuestra galaxia?

Un proyecto teórico llamado Sonda de Von Neumann podría intentarlo y recorrer la Vía Láctea en alrededor de medio millón de años, lapso insignificante en términos cósmicos. Tal exploración sería relativamente barata en materiales y energía, en comparación con los valiosos resultados que sin duda obtendría. Otra propuesta más específica es la Sonda de Bracewell, destinada a buscar la existencia de alienígenas o sus huellas probatorias. Si un vehículo espacial terrestre dispone de una inteligencia artificial suficientemente avanzada, se podría establecer un diálogo directo entre civilizaciones muy distantes, sin las extensas demoras que supone una intercomunicación a la velocidad de la luz. Quizá la idea es demasiado fantástica para la ciencia oficial, que desde su autoridad formal la considera como un elemento marginal y quimérico de la astronomía.

Anulando la gravitación

La propulsión por antigravitación es una de las quimeras de los ufólogos y los astrobiólogos que sueñan con viajar por las galaxias. Anulando las fuerzas de gravedad, las naves espaciales podrían acortar de forma espectacular el tiempo para trasladarse entre dos puntos del espacio, alcanzando casi la velocidad de la luz. Según se dice, la NASA y la USAF realizan estudios estrictamente secretos sobre la antigravedad. También en su momento se atribuyeron a la Unión Soviética experimentos en ese sentido, que no se sabe si la actual Rusia ha continuado. En realidad la antigravitación es sólo una hipótesis teórica, casi imposible de conseguir y utilizar en forma práctica para impulsar naves espaciales. No se trata de la falta de peso que se experimenta en una astronave, ni a contrarrestar la fuerza de gravedad con alguna otra fuerza, como el electromagnetismo o el impulso aerodinámico. Obtener la antigravitación supone anular las causas fundamentales de la atracción gravitatoria por un recurso tecnológico, liberando a un determinado espacio u objeto de esa atracción.

A comienzos del siglo XX Alfred Einstein dio a conocer su Teoría de la Relatividad General, relegando a la vieja ley de la Gravedad Universal de Isaac

Podría ocurrir que los extraterrestres no fueran como los imaginamos. Acaso sean capaces de teletransportarse a través de un agujero de gusano sin necesidad de embarcar en naves espaciales y por ello jamás encontraremos sus vehículos.

Newton, que llevaba ya trescientos años de vigencia. Para Einstein, la gravedad no es una fuerza en el sentido que se suele dar a ese concepto, sino una consecuencia de la propia geometría curva del espacio. Dentro de ese espacio curvado el tiempo es relativo, y se podría decir que es elástico, ya que su duración varía según la disposición y desplazamiento de los observadores. El ejemplo más conocido es el de los gemelos: se trata de dos hermanos terrestres, uno de los cuales decide hacer un viaje espacial. Si su nave alcanza una velocidad próxima a la de la luz, sus años serán cada vez más largos, mientras para el gemelo en la Tierra son cada vez más cortos. Cuando el astronauta emprendiera el retorno, llegaría a nuestro planeta varios miles de años después de su partida. Esa conformación curvada del espacio provoca tensiones que interactúan sobre los cuerpos astrales, manteniendo un frágil equilibrio entre ellos.Y decimos «frágil» porque a menudo las formaciones estelares estallan, las estrellas se absorben entre sí, y las galaxias se roban astros unas a otras. Fue precisamente una colisión galáctica ocurrida en la galaxia enana Canis Mayor, a unos 25.000 años luz del sistema solar y una de las más próximas a la Vía Láctea, lo que ofreció una pista de cómo propulsar naves con la antigravedad. Canis Mayor se acercó demasiado a nuestra galaxia, y entró en colisión con ésta. Pero no hubo choques ni destrucciones. Por medio de un simulador computadorizado se reprodujo un modelo de ese acontecimiento estelar en el tiempo. La simulación mostró que en 2.000 millones de años, la Vía Láctea le había «robado» a Canis Mayor buena parte de sus estrellas, absorbidas por anulación de la fuerza gravitacional, sin que se produjeran embates violentos. La «película» que muestra el simulador es una especie de versión en cámara lenta de cómo podría funcionar un sistema de propulsión antigravitatorio. Ese experimento mostró la existencia de episodios de antigravedad en el Universo, pero no la tecnología para producirla. Hoy siguen surgiendo diversas hipótesis para la utilización de la gravedad en la propulsión de vuelos espaciales, pero ninguna de ellas consigue hacerse efectiva. De acuerdo con las teoría y leyes físicas aceptadas y vigentes en la actualidad y comprobadas en experimentos contrastados, es extremadamente difícil llegar a producir la antigravitación.

Puede ser que la ciencia actual descrea del impulso antigravitatorio para propulsar naves espaciales, pero parece ser que este recurso fue común en un

pasado remoto. Un antiguo texto sánscrito dedicado a ensalzar la grandeza del legendario emperador Asoka, relata que éste fundó una asamblea de sabios llamada «Sociedad secreta de los nueve desconocidos», formada por los mayores científicos indios de su tiempo. La Sociedad catalogó todas las ciencias y explicó sus arcanos según las antiguas fuentes de sabiduría. Cada sabio escribió un libro, y el noveno de ellos llevaba un título que puede traducirse como «Los secretos de la gravitación». Asoka era un monarca pacifista, que había abrazado la no violencia y el budismo después de resultar vencedor en una batalla terriblemente sangrienta. Por esa razón ordenó que ese libro permaneciera oculto, ante el temor de que su contenido pudiera ser utilizado para desatar nuevamente las crueldades de la guerra. Esta referencia aparece en varios textos védicos, pero el «Noveno libro», sigue siendo inencontrable, suponiendo que exista. Sin embargo, no es ese texto el único que alude al dominio de la gravitación en épocas muy antiguas.

Cuando los chinos ocuparon el Tibet en 1959, descubrieron unos milenarios textos en sánscrito, que decidieron enviar a la doctora Ruth Reyna, experta estudiosa y traductora de esa lengua en la Universidad de Chandrigarh (Punjab, India). La prestigiosa académica no vaciló en declarar que esos manuscritos

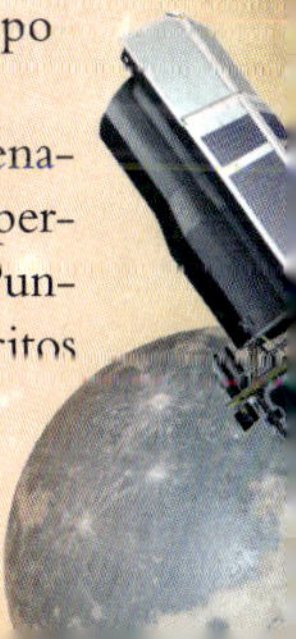

En teoría, a quien quisiera viajar de un universo a otro, le bastaría con utilizar uno de los eventuales agujeros de Lorentz, llamados también puentes de Einstein-Rosen.

describían la forma de construir una nave voladora interestelar. Reyna añadió que el método de propulsión de ese vehículo era «anti-gravitacional», basado en un sistema análogo al «laghima» que utilizan los gurúes indios para conseguir la levitación. Sus colegas universitarios no tomaron muy en serio esas afirmaciones, hasta que las autoridades chinas informaron que habían incluido algunos datos del documento tibetano en los estudios de su programa espacial. Fue esa la primera vez que un Gobierno admitía oficialmente que estaba investigando sobre antigravitación.

El alegato de la oposición

El astrofísico estadounidense Michael H. Hart ha planteado, como una opción hipotética, la posibilidad de que no exista una vida inteligente alienígena. La idea básica y general de quienes adhieren a esa alternativa consiste en rechazar tajantemente el principio de mediocridad. Sostienen por lo tanto que la Tierra no es un simple planeta más, sino uno singular, excepcional, e incluso único en el Universo. La convicción de la excepcionalidad de la Tierra ha sido asumida históricamente en varias tradiciones filosóficas y religiosas, hoy seriamente cuestionadas por la ciencia. Pero sus defensores no se arredran, y esgrimen datos cuantificables y estadísticos comprobados para sostener sus hipótesis. Entre ellas, que la vida en la Tierra ha sido posible por una serie de coincidencias prácticamente irrepetibles, para que en el largo devenir evolutivo sólo una especie desarrollara una civilización capaz de emprender viajes espaciales y utilizar señales de radio interestelares. Según ellos, esta exclusividad indica que otra civilización inteligente avanzada sería casi imposible, aun dada la inmensidad del Cosmos.

Otras hipótesis sostienen que el surgimiento de la inteligencia pudo ser accidental en el transcurso del proceso de la evolución de las especies. El psicólogo evolutivo Geoffrey Miller supone que la inteligencia humana pudo surgir como consecuencia de las opciones aleatorias de la selección sexual. Algo semejante propone Steven Pinter, científico cognitivo y conocido autor de obras de divulgación. En su libro *How the Mind Works* (1994)[18] advierte sobre la falsa idea de que la evolución de la vida tiene siempre como fin producir seres inteligentes. La evolución no tiene una finalidad, simplemente sucede —afirma Miller—; y su desarrollo consiste en sucesivas y diversas adaptaciones a determinados nichos ecológicos. El hecho de que aparezcan seres inteligentes capaces de utilizar un lenguaje articulado no siempre es la mejor opción, ni es en absoluto un objetivo finalista en la evolución de las especies, ni en la Tierra ni adónde sea.

Algunos partidarios de esta alternativa conceden que puedan haberse dado unas civilizaciones extraterrestres, pero muy escasas y por plazos muy breves. Parece un sutil recurso para guardarse las espaldas por si algún día se encuentra ese tipo de alienígenas. Una argumentación más interesante es la que acepta la existencia de vida inteligente, pero no orientada hacia el desarrollo industrial y tecnológico. En la propia Tierra tenemos culturas que priorizan casi en exclusiva la vida espiritual, como la de los lamas del Tibet; y es sabido que la industrialización surgió a partir de la abundancia de los combustibles fósiles necesarios, como el carbón, el petróleo y el gas natural, y la presencia de ríos con caudal suficiente para construir presas de energía eléctrica, aparte de otros factores favorables menos evidentes que también se han dado en la Tierra. Una civilización que no contara con esas facilidades geológicas debería dirigir su inteligencia hacia otros derroteros ajenos al desarrollo de tecnologías para la comunicación interestelar.

Las elucubraciones precedentes responden a una variante del llamado «Principio antrópico», que sitúa al ser humano y su planeta como medida y modelo de todo lo que contiene el Universo. Si se habla de vida, debe ser una vida como la nuestra, surgida de la misma forma en un planeta que sea gemelo de la Tierra. Y lo mismo se espera si se trata de inteligencia, de civilización, de tecnología, o de formas de trasladarse en el espacio. Imaginamos a los extraterrestres como clónicos de los terrestres, quizá con aparatosas diferencias físicas pero con una mente que sería una réplica de la humana. Lo cierto es que

[18] En español, *Cómo trabaja la mente*. Áncora y Delfín, Barcelona, 2001. Reeditado en 2007 por Editorial Destino.

resulta difícil concebir un ser alienígena totalmente distinto de nosotros mismos. Puede tener la piel verde, tres ojos, dos antenas en lugar de orejas, y varias patas. Pero pensamos que nos entenderemos con él por una comunicación de mente a mente o por un simple mecanismo traductor, si es que ya no trae aprendida una lengua terrestre (por ejemplo el inglés, que siempre es tan útil). En este sentido la ciencia ficción es mucho más dúctil y creativa que la ciencia-ciencia. Sus fantasías pueden ir desde una mente cósmica flotante hasta entes alienígenas que sólo toman forma invadiendo nuestros cuerpos. Es claro que los autores de esos relatos y sus imágenes no tienen que demostrar que lo que exponen sea cierto.

La inteligencia destructiva

Algunos científicos comparten con la ciencia ficción la idea de que la inteligencia está destinada a la autodestrucción. Llegada a un punto de su desarrollo (por ejemplo, los viajes interestelares) la tecnología avanzada llevaría inexorablemente a una catástrofe planetaria. Las causas de aniquilación manejadas con más frecuencia son la tan trajinada guerra nuclear, una epidemia fatal y mundial, un gran accidente que produce una contaminación general, experimentos científicos mal controlados, una catástrofe demográfica por el exceso de población resultante de los avances biomédicos, y otras calamidades motivadas por los errores o la imprevisión en el uso de las tecnologías. Los apoyos científicos de esta hipótesis no son desdeñables. Hay cálculos de probabilidad que demuestran que, en algún momento, la especie humana puede autodestruirse. Ya en 1966 Carl Sagan sugería una discordante predicción: la civilización terrestre desaparecerá en el siglo siguiente a haber conseguido la comunicación interestelar, o reprimiendo su tendencia autodestructiva, sobrevivir durante una larga era cuantificable en millones de años. Es conocida la inclinación de Sagan a ciertas afirmaciones fantásticas y desconcertantes, pero en este caso no deja de tener apoyo en las leyes de la termodinámica. Éstas consideran que la vida es un sistema ordenado que puede sostenerse a sí mismo contra la

tendencia al desorden, pero un factor externo como la comunicación con otros mundos puede tornarlo inestable y llevarlo al caos y la autodestrucción.

Desde luego los partidarios de la exclusividad de la especie humana en el Universo se sirven de estas hipótesis científicas, en especial la variable que supone que la autodestrucción no tiene por qué ser completa, y que bastaría con un retorno a la etapa precientífica. Algo parecido es lo que pretende la corriente citada, por lo menos en lo relativo a las comunicaciones interestelares en busca de otras sociedades inteligentes.

Hace ya más de setenta años, el 30 de octubre de 1938, un joven Orson Welles emitió por la cadena CBS una versión radiofónica inspirada en el ataque marciano a la Tierra imaginado por H. G. Wells en su obra pionera de ciencia ficción *La guerra de los mundos*. El talentoso Welles dio a la imaginaria invasión el formato de un noticiario en directo, y aunque esto se explicaba al

Algunos científicos tienen la convicción de que con la llegada de los viajes interestelares podría llegar también la desaparición de la civilización terrestre motivada por alguna imprevisión en el uso de tecnologías avanzadas.

comienzo de la emisión, su impresionante realismo aterrorizó a medio Estados Unidos, especialmente en Nueva York y Nueva Jersey, donde ya habían comenzado a aterrizar las supuestas naves extraterrestres. En 1996 otro creativo realizador, Tim Burton, dirigió el film *Mars Attack!* una desbordada e inteligente sátira sobre una invasión de Marte a nuestro planeta, o más concretamente a los Estados Unidos. Al comienzo, las autoridades y el público terrestre esperan a los ovnis marcianos con una actitud políticamente correcta, totalmente dispuestos a establecer una relación cordial con los visitantes del espacio. Pero el despótico jefe de los atacantes no entiende ni atiende esos gestos «buenistas», y ordena a sus huestes que eliminen uno por uno a todos los representantes de las instituciones terrestres, desde el jefe del ejército a la pareja presidencial, pasando por el Congreso, en un verdadero caos de sangre y muerte.

Burton utiliza un estilo de guiñol, que paradójicamente parece dar más fuerza a su burlesco y terrible mensaje: las sociedades con tecnologías avanzadas tienen una irrefrenable inclinación a aniquilar a cualquier otra que se les parezca, que supera a todos los sentimientos que consideramos civilizados. En realidad el realizador del film no se ha inventado nada, salvo poner en tono de solfa una hipótesis científica bastante seria: la que supone que, llegadas a determinado punto en su evolución tecnológica, las sociedades avanzadas serían ferozmente agresivas entre sí. Felizmente de momento somos la única conocida de esas sociedades, pero atendiendo a las teorías que describe el presente libro, y sus consecuentes exploraciones, podríamos vernos en cualquier momento en una guerra como la que predecía la araña alienígena de la revista *Punch*. Es decir, un conflicto planetario violento entre dos civilizaciones avanzadas, con la cruel intención de aniquilarse la una a la otra. El motivo que las impulse puede ser una obsesión destructiva, un pánico paranoico, o una ambición de conquista total. El cosmólogo exobiologista Edward Harrison ha señalado que esa agresividad representaría un acto de precaución o prudencia, ya que al haber superado su propia pulsión autodestructora, ambas sociedades verían a la otra civilización extendiéndose por la galaxia como si fuera un virus letal. Por otra parte, varios astrobiólogos han sugerido que una especie extraterrestre que ha conseguido evolucionar hasta disponer de un cerebro inteligente, debería ser una suerte de gran depredador, como lo fue el homo sapiens.

Motivos de un desencuentro

Retornemos ahora a la pregunta que centra la Paradoja de Fermi: ¿Por qué, pese a la intensidad de nuestra búsqueda, no encontramos las otras civilizaciones alienígenas que deben existir dado el número de sistemas planetarios en la galaxia? Y, lo que es aun más intrigante: ¿Por qué esas civilizaciones, que se suponen más avanzadas, no nos encuentran a nosotros?

Se han elaborado muchas hipótesis para explicar este lamentable desencuentro. La mayoría de ellas pueden insertarse en cuatro grupos de causas: problemas de escala, de tecnología, de biología, o de actitud.

PROBLEMAS DE ESCALA:

Se refieren a la enorme dimensión del Universo, y a la inasible extensión de sus periodos de tiempo. Puede haber otras civilizaciones avanzadas en puntos demasiado alejados de la Tierra, distancia que haría imposible el descubrimiento mutuo y una comunicación de ida y vuelta en un espacio temporal imaginable. Esa es una de las razones por las que los astrobiólogos no se plantean buscar contactos más allá de la Vía Láctea. Por otra parte, la Teoría de la Relatividad General plantea un espacio-tiempo curvado, en el que las medidas de uno y otro factor no son independientes ni absolutas, sino variables y relativas según la posición y los desplazamientos de los observadores. Eso haría que el espacio y el tiempo no fueran los mismos para dos planetas situados a miles de años luz de distancia, ni para las naves espaciales que efectuaran ese recorrido.

PROBLEMAS DE TECNOLOGÍA:

Dentro de la exobiología existe una corriente crítica que cuestiona la forma en que se captan las señales acústicas del espacio exterior. O sea que la opción tecnológica asumida, digamos, por el SETI, corre el riesgo de perder señales que sugirieran una emisión alienígena. Por ejemplo, ondas de radio en alta compresión, que de momento no pueden ser captadas por las escuchas terrestres. Una civilización alienígena avanzada puede utilizar frecuencias que no penetran en nuestra atmósfera, o que los astrobiólogos han desechado. Es también

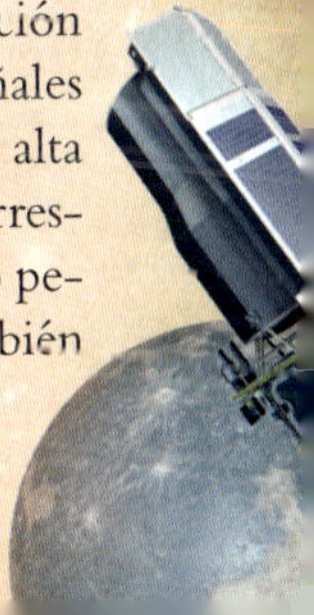

posible que los extraterrestres irradien mensajes encriptados o con modulaciones que el SETI no ha incluido en el repertorio de sus exploraciones. En lo que hace a la irradiación lumínica de las estrellas, se plantean problemas similares. Ya se han referido los casos de los pulsares y de las galaxias Seyfert, que durante un tiempo despistaron a los observadores. Puede haber asimismo sociedades alienígenas que, por su etapa de desarrollo o su propia voluntad, sólo disponen de una tecnología elemental, insuficiente para captar señales de radio, y menos aptas aun para construir naves espaciales. La sola inteligencia no es detectable a distancias interestelares. Ninguno de los ingenios tecnológicos que emplean las exploraciones astrobiológicas poseen la capacidad de distinguir entre vida no inteligente y vida no tecnológica. Desde nuestra visión antrópica, a una especie inteligente la tecnología avanzada se le supone. Siendo así las cosas, la única forma de reconocer comunidades inteligentes con un nivel tecnológico semejante, supongamos, a nuestro Medioevo, sería la observación física y en directo, ya sea por una sonda a su vez inteligente o por astronautas de una nave tripulada. El tiempo que demandaría el viaje exploratorio hace esta segunda alternativa totalmente inviable, a no ser que antes los terrícolas hubiéramos conseguido una longevidad equivalente.

Problemas de biología:

Para que un ser vivo sea inteligente necesita disponer de algo semejante o equivalente a nuestra red de neuronas y sus correspondientes conexiones. Todo lo demás es aleatorio, y depende de las circunstancias que le haya planteado su planeta durante el proceso evolutivo. Y, por supuesto, su desarrollo tecnológico dependerá de su estructura biológica. Es posible que la civilización extraterrestre que buscamos no pueda articular sonidos, haya desarrollado otro medio de comunicación, y por lo tanto no utilice las ondas de radio. También es posible, ¿por qué no? que sus individuos puedan volar, y no se les haya ocurrido construir aviones que prefiguren las naves espaciales.

Si en su sentido amplio la biología comprende todas las manifestaciones de la vida, también abarca las funciones mentales. Una especie alienígena puede tener una mente muy distinta de la nuestra, con carencias y ventajas relativas para la comunicación interestelar. La más recurrida por la ciencia ficción es la

telepatía, que también la ciencia seria investiga aunque con resquemores. Una sociedad telepática podría eventualmente «saber» de nuestra existencia sin mover un dedo, si es que lo tienen, pero no poder conectar con nosotros por diferencias incompatibles en las respectivas capacidades mentales. Por último, pero no en importancia, debemos mencionar a la imaginación. Esa facultad mental que nos permite visualizar mentalmente cualquier imagen o circunstancia que no existe en la realidad que nos rodea, o no está al alcance de nuestros sentidos. Una especie alienígena con una inteligencia sin imaginación (o con una imaginación limitada) no podría fantasear con otra especie inteligente que vive en un planeta lejano. Por suerte, a nuestros astrobiólogos les sobra imaginación y no les falta fantasía.

Problemas de actitud:

Los astrobiólogos de la Tierra se desviven por encontrar otro planeta de nuestra galaxia con una civilización inteligente. ¿Pero cuál puede ser la actitud de los alienígenas ante un contacto con nosotros? Se cree y se espera que también ellos nos recibirían con entusiasmo y el encuentro sería un feliz acontecimien-

Una de las tipologías alienígenas, los *grises bajos* o *reticulianos*, de aspecto humanoide, baja estatura, desproporción craneal y cavidad ocular rasgada, serían practicantes de abducciones, experimentos genéticos, programación mental, seguimientos de humanos a través de implantes, clonación y creación de una especie híbrida de humanos-grises.

to para ambas partes. Mas ese supuesto entusiasmo extraterrestre puede ser una muestra más de nuestro autocentrismo planetario. Quizá a la sociedad avanzada que detectemos no le interesa en absoluto la existencia de vida en otro punto de la galaxia (suponiendo que tengan una astronomía y una idea del Universo). Sus logros científicos y tecnológicos pueden estar dirigidos a otras cuestiones, por lo que nuestros mensajes, si es que los reciben, serán enviados a la papelera sin siquiera preocuparse por entenderlos.

Esa indiferencia no sería la única causa de que unos extraterrestres se negaran a cualquier tipo de comunicación interestelar. Otro motivo es el miedo. Una sociedad muy antigua y muy sabia podría tener experiencias directas, o al menos supuestos teóricos consistentes, respecto a la agresividad que desarrollan las comunidades con un alto desarrollo tecnológico, contra otras civilizaciones que demuestran un nivel semejante. Reaccionarían entonces como cualquier ente de vida que siente miedo: ocultándose y guardando un absoluto silencio. O quizá caerían en un pánico caótico, como los neoyorquinos al escuchar el programa radiofónico de Orson Welles. ¿Podríamos esperar que en esas circunstancias nos ayudaran a encontrarlos y a establecer comunicación con ellos?

Se ha especulado asimismo con la idea de que los mensajes terrestres pueden resultar atrasados o ingenuos para una civilización mucho más avanzada. No sabemos si lo lamentarían o se burlarían, pero lo más probable es que ni siquiera se molestaran en respondernos. Al hilo de esta hipótesis surgieron variantes sobre la posibilidad de una enorme distancia entre el nivel tecnológico de los alienígenas y el de los terrícolas. Descartada nuestra aniquilación por tratarse de una comunidad planetaria inofensiva y bastante rara en el Universo, nos dejan vivir tranquilos nuestras peripecias de trogloditas. Mientras tanto «ellos» nos vigilan y estudian desde el espacio, como si la Tierra fuera una reserva de vida salvaje o, tal vez con más propiedad, una especie de jardín zoológico.

Por ese camino se ha llegado a una propuesta más audaz, ya utilizada por la ciencia ficción: los extraterrestres ya han llegado y viven entre nosotros. No podemos percibirlos, ya sea porque disfrutan de invisibilidad o porque se han mimetizado totalmente con los seres humanos. Pero están aquí, camuflados, con el fin de estudiarnos de cerca o esperando el momento de preparar la invasión.

Al extremo de las teorías respecto a cómo contactaría con nosotros una sociedad avanzada extraterrestre, se sitúa la consideración de un virus genético que modificara en generaciones nuestra información genética, capacitándonos para descifrar sus mensajes.

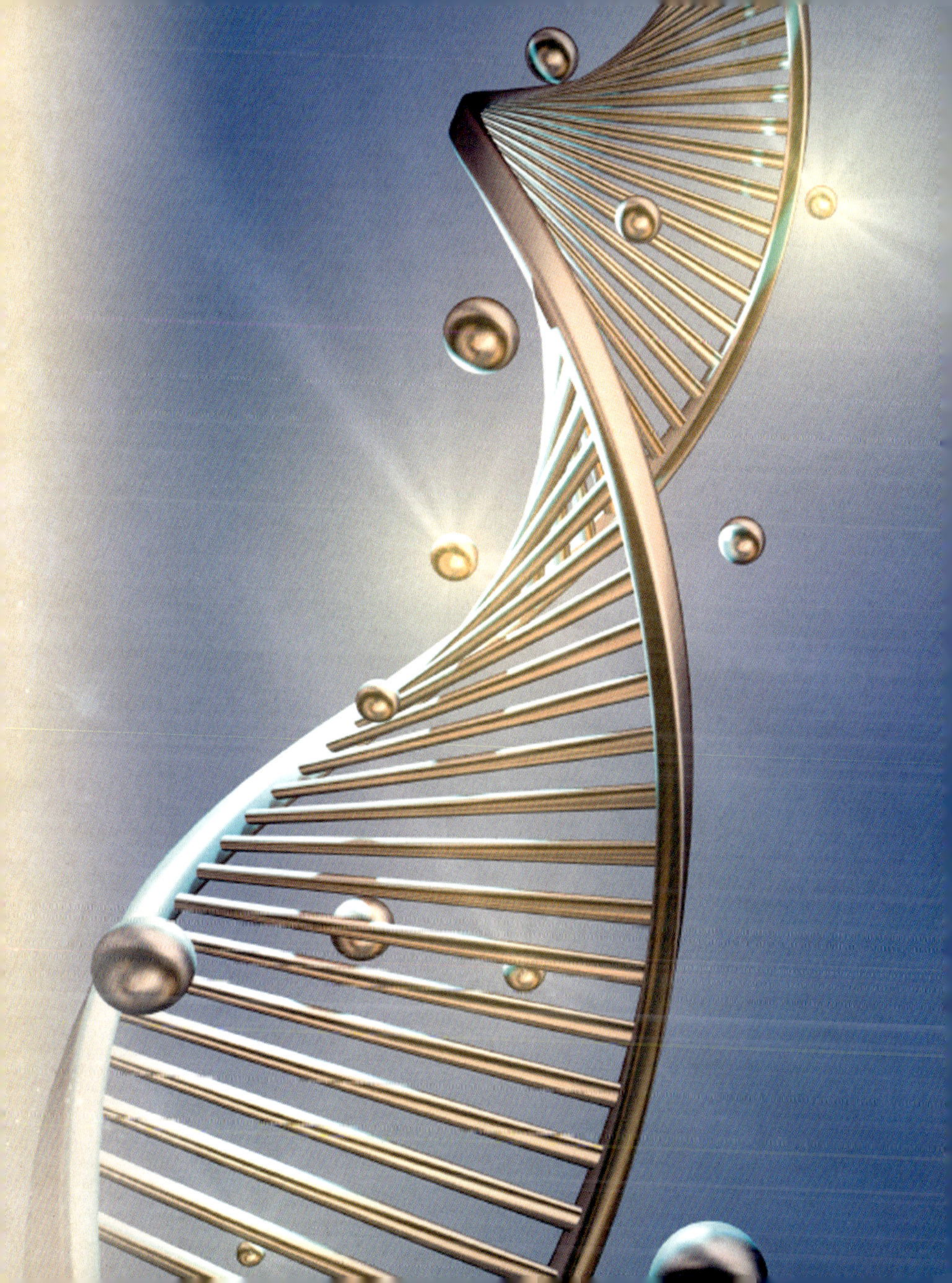

Tercera parte

Testimonios bajo sospecha

Los extraños objetos voladores

*En ningún momento los astronautas
están solos cuando están en el espacio.
Hay una constante vigilancia de los ovnis.*

Malcolm Scott Carpenter
Astronauta del proyecto Mercury (1959)

A mediados del siglo pasado, Kenneth Arnold era un empresario y piloto civil estadounidense, que solía utilizar su avioneta privada para atender a sus negocios. El 24 de junio de 1947, mientras volaba próximo al monte Rainier en el estado de Washington, se llevó un susto mayúsculo. Entre las nubes aparecieron unos aparatos aéreos volando en formación, como si fueran una escuadrilla de combate. Pero no se trataba de ningún modelo de avión de caza conocido, sino de unas extrañas naves en forma de boomerang, que se dirigieron en dirección al cercano monte Adams dando brincos a una velocidad sorprendente. Por el tiempo que tardaron en recorrer la distancia entre ambas cumbres, Arnold calculó que volaban a cerca de 2.000 km/h. Antes de perderlos de vista, alcanzó a contar que el grupo estaba formado por nueve de esos objetos que no pudo identificar.

Cuando más tarde el piloto explicó ese incidente a la prensa, dijo que los objetos desconocidos volaban «dando saltos de rebote como cuando se arroja un platillo sobre la superficie del agua». Por un error al transcribir sus declaraciones, la forma de volar se entendió como la forma del objeto, y los titulares de los periódicos y los noticieros radiales usaron la expresión «platillos volantes». El público la asumió rápidamente, y cuando Kenneth Arnold pidió que se corrigiera el error, los medios no le hicieron mucho caso. Para sus lectores u

A partir de 1947 el fenómeno OVNI se multiplica extraordinariamente con los testimonios de miles de avistamientos. La mayoría de estos avistamientos puede explicarse por causas naturales. Sin embargo un 10% de ellos no puede ser explicado.

oyentes, la palabra «platillo» era mucho más familiar que el poco usual término «boomerang». Oficialmente, la fuerza aérea utilizaría la sigla UFO (Unidentified Flying Object) traducido literalmente al español como «Objeto volador no identificado», o sea ovni[19].

Ponga un ovni en su cielo

En la primera semana de julio de 1947, pocos días más tarde del avistamiento de Arnold, ocurrió un extraño incidente con un posible ovni en las cercanías de la base aérea de Roswell, en Nuevo México, que enseguida comentaremos. Los medios combinaron ambos sucesos en titulares como «Un platillo volante cae sobre una base aérea», presentando como noticia real la unión de una suposición y una equivocación (el lugar del hallazgo está más cerca de la pequeña población de Corona que de la base de Roswell). Pero la fórmula tuvo un efecto inmediato sobre el público, y una verdadera ola de avistamientos de «platillos» se extendió por numerosos puntos del planeta, sobre todo en los Estados Unidos. Las apariciones se sucedían en cascadas en una misma zona, a partir de una denuncia que hacía de disparador, con la ayuda de una imaginativa prensa local.

Muchos de los avistadores de ovnis completaban su declaración con material fotografiado o filmado. Generalmente las imágenes resultantes se presentaban borrosas o muy distantes, lo que dificultaba discernir los detalles de los supuestos objetos extraterrestres. Esta ambigüedad visual podía tener dos vertientes: o el trucado intencional de la fotografía o la torpeza involuntaria de un observador ingenuo, que hacía la toma sobrecogido por la presencia en el cielo de «algo» desconocido. No debemos descartar, por respeto a los ufólogos, la posibilidad de que la gran velocidad de un verdadero ovni impidiera enfocarlo correctamente. Dicho esto, lo cierto es que las imágenes de supuestas na-

---

[19] En este libro se emplea la sigla en español, excepto para términos derivados como «ufología» o «ufólogo», que son habituales con la sigla en inglés.

ves extraterrestres, tan ampliamente difundidas, no son una baza muy fuerte en la defensa de visitas alienígenas.

La década de 1950 fue especialmente prolífica en registros fotográficos trucados de platillos volantes. Por ejemplo el célebre «abducido» George Adamski[20], presentó lo que según él eran fotografías de las naves que usaban sus amigos de Venus para venir a visitarlo. Las había visto de lejos o en primer plano, pero cuando el observador se detenía en los detalles, descubría que se trataba de burdos artificios, fabricados con lámparas y pantallas reflectantes que podían encontrarse en cualquier comercio del ramo más o menos bien surtido. Otro caso flagrante corresponde a las fotos de ovnis sobre la isla brasileña de Trinidade en 1958. Las copias se vendieron a los turistas como rosquillas, pese a que su autor era conocido como especialista en fotografías trucadas. Otras imágenes usadas con abundancia en libros y artículos sobre el tema ovni son las tomadas en Pennsylvania por los hermanos Lucci en 1965. No hace mucho uno de ellos acabó revelando que se trataba de un montaje. En cuanto a la falsedad inocente de materiales gráficos, destacan las luces volantes que se vieron en 1997 sobre el cielo de Phoenix, ampliamente fotografiadas y filmadas por distintos observadores en toda la región. Se llegó a pensar que por fin los ufólogos tenían una prueba incontrastable de objetos reales; y realmente lo eran: bengalas lanzadas por una unidad de la Guardia Nacional del Aire que se entrenaba en las cercanías.

La fiebre inicial de observaciones de ovnis se extendió entre 1947 y 1967, con un salto y un pico final en 1973. A partir de ese año las visualizaciones se hicieron más esporádicas, y provocaron un escaso interés en la prensa y el público. Según el conocido ufólogo Karl Pflock, las naves alienígenas habrían llegado a nuestro planeta alrededor de 1947 con una misteriosa misión que dieron por cumplida en 1973, regresando a su galaxia. El autor escéptico Robert Sheaffer opina de manera más realista: «mi explicación preferida es que esto (el

[20] George Adamski, ciudadano americano de origen polaco, fue uno de los primeros aficionados en exhibir fotos de ovnis en 1947. También aseguró que tenia frecuentes contactos con extraterrestres venusinos y, pese a sus delirios, lideró durante unos años una corriente importante dentro de la ufología.

declive de las visualizaciones) ocurrió justo en la época en que la mayoría de los hogares estadounidenses dispusieron de televisores en color, lo que dio como resultado menos miradas dirigidas al cielo abierto; junto a un factor de agotamiento del tema» *(Skeptical Inquirer, No.33.1, enero-febrero de 2009).*

A esas alturas había, tanto en América como en Europa, numerosas personas cuyo medio de vida dependía de las apariciones de ovnis. Expertos que publicaban artículos y daban conferencias, autores de libros que especulaban sobre el asunto, periodistas especializados, programas de radio y televisión con una amplia audiencia y abundantes anuncios publicitarios, periódicos que aumentaban sus ventas con cada observación de platillos volantes. Pero ya casi no surgían nuevos testimonios, y la fascinación del público por el tema espacial se volcaba ahora sobre el lanzamiento de naves y sondas para explorar los planetas del sistema solar. Los ufólogos parecían tener los días contados, cuando encontraron una palabra mágica: «abducción». El término proviene del latín *abductio*, que significa «conducir o llevar» y también «cautiverio». La anatomía lo emplea para designar cierto tipo de movimientos corporales, y los ufólogos lo tomaron prestado con un significado totalmente distinto: la captura de personas por seres extraterrestres, que generalmente las retienen en sus naves con diversos fines. (*Ver próximo capítulo.*)

Llegó también un momento, a finales de aquella década, en que pese a su atracción como experiencia humana, las abducciones perdieron el interés del público, quizá por una extendida sospecha sobre su veracidad. Pero los platillos volantes habían llegado aquí para quedarse, y alrededor de 1980 las editoriales y los medios hallaron un nuevo filón: los hallazgos de los restos de ovnis que por alguna razón se habrían precipitado a tierra. Con ese fin varios autores recuperaron para la memoria popular el ya casi olvidado «Incidente Roswell» de 1947. El pionero fue Charles Berlitz, que ya había alcanzado un gran éxito con el presunto enigma del triángulo de las Bermudas, y junto a su colaborador William Moore publicó *The Roswell Incident* (1980). La extraordinaria repercusión de esa obra, más otras que siguieron su estela, convirtió a Roswell en el inevitable arquetipo de todos los casos posteriores.

La conjura de silencio

Los creyentes en que los ovnis son naves tripuladas por seres alienígenas suelen esgrimir un argumento tan probable como indemostrable. Según esa versión, el Gobierno de los Estados Unidos estimuló la formación de una comisión secreta de relevantes científicos y militares de alta graduación que se conjuraron para negar y desacreditar cualquier caso relacionado con los ovnis. En la cuestión concreta de las posibles caídas de aparatos extraterrestres, existe una creencia muy difundida sobre un enigmático grupo llamado Majestic-12 (o para abreviar MJ 12), cuya misión sería ocuparse de recoger los restos y llevarlos a un lugar oculto, negando enfáticamente su eventual origen alienígena (recordemos el desmentido que debió emitir el general Ramey sobre el caso Roswell). En 1987 los ufólogos Moore y Shandera declararon que habían recibido en forma anónima unos documentos con detalles del Supuesto MJ-12. En tanto el contenido de esa información podía comprometer seriamente al Gobierno, el FBI realizó un estudio de los documentos, concluyendo que eran totalmente falsos.

También la NASA cayó bajo la lupa de los recelosos ufólogos, que la acusaron de haber montado una compleja conspiración para esconder varios encuentros de sus naves espaciales con aparatos no identificados. Aunque la agencia espacial negó la autenticidad de esos encuentros, los creyentes sostenían que dado que los ovnis venían a la Tierra desde el espacio exterior, resultaba insólito que nunca se hubieran cruzado con uno de los numerosos vuelos lanzados por la NASA. Por otra parte, varios astronautas han comentado visualizaciones de desechos espaciales (propulsores agotados, restos de sondas o satélites fallidos, etc.), que en el momento no supieron reconocer. Sacando de contexto esas declaraciones, los ufólogos les hicieron decir que habían visto aparatos alienígenas. No obstante, astronautas como Gordon Cooper (*Gemini 5*, 1965) y Edgar Mitchell (*Apollo 14*, 1971) han manifestado su suposición de que los ovnis podrían ser naves extraterrestres, aunque no aportaron pruebas tangibles. En última instancia, en más de medio siglo de vuelos espaciales, ningún astronauta aseguró formalmente haber visto desde su nave algún objeto tecnológico que no fuera reconocible como de origen terrestre.

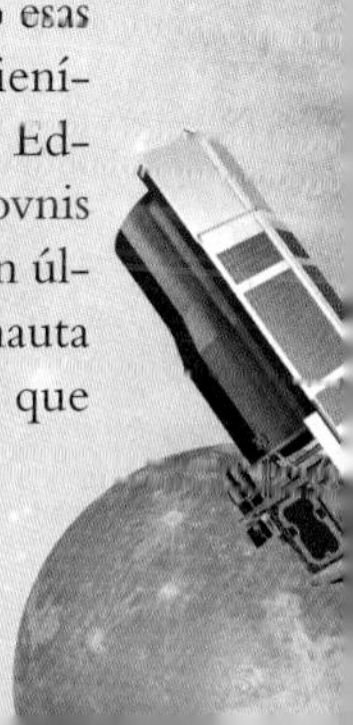

El llamado caso Roswell de Rusia tuvo lugar en otoño de 1969.
En cuanto al posible hallazgo de humanoides en el interior de ovnis accidentados, las autoridades rusas guardan el más absoluto de los secretos.

El video del operativo ruso realizado tras la caída del ovni fue mostrado públicamente en un programa de televisión del canal TNT el 13 de septiembre de 1998 con el título «El secreto ovni. Archivos de la KGB».

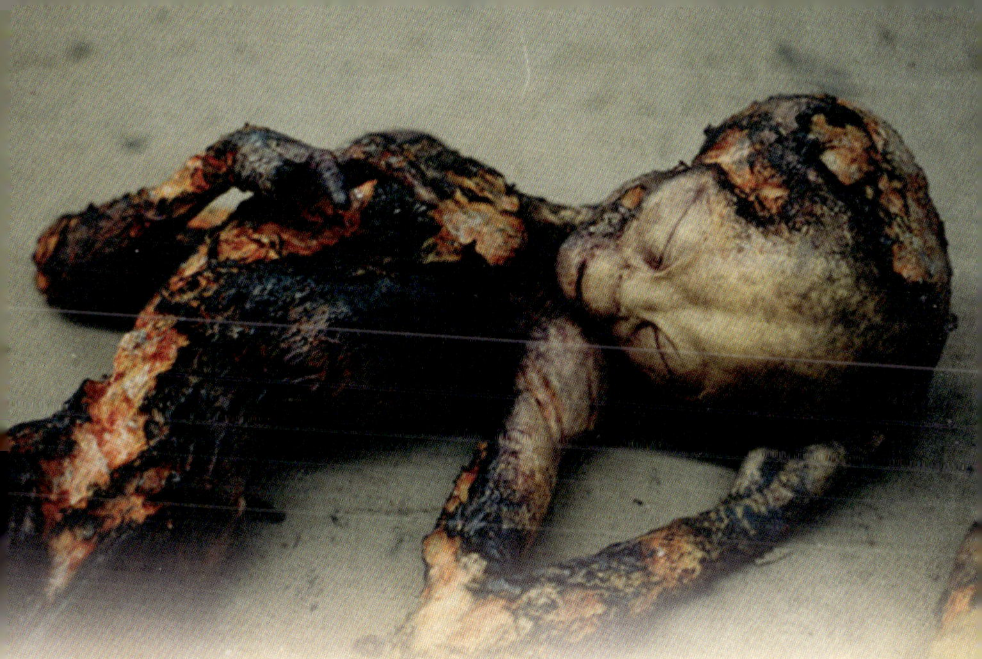

Imágenes del video que se difundió con las imágenes de una supuesta autopsia a uno de los cuerpos extraterrestres de Roswell. Posteriormente se supo que el video era en realidad la genial obra de un artista llamado Ray Santilli, relegando el caso a un total descrédito al que ayudó todavía más el informe elaborado por la Oficina General de Contaduría de EE. UU. (GAO), en julio de 1995, que señalaba que toda la documentación oficial, relativa al caso Roswell, fue «destruida» y entre los informes consultados no se encontró información alguna sobre el accidente y posterior recogida de un ovni, cerca de Roswell, en julio de 1947.

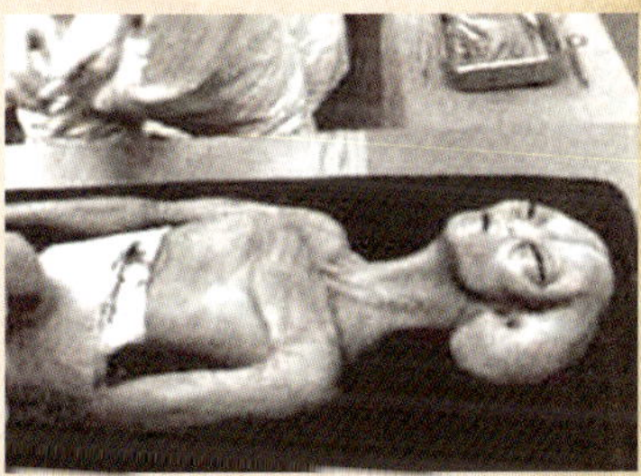

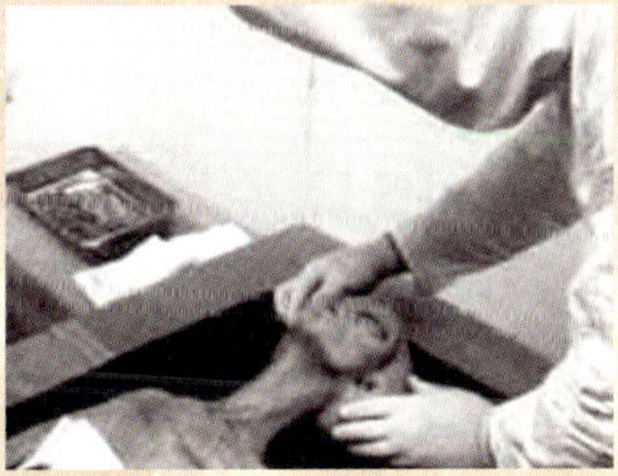

Algunos creen que toda esa confusión, de desmentidos en torno a Roswell, no es más que una cortina de humo, con la que el gobierno estadounidense, busca tapar lo que realmente ocurrió.

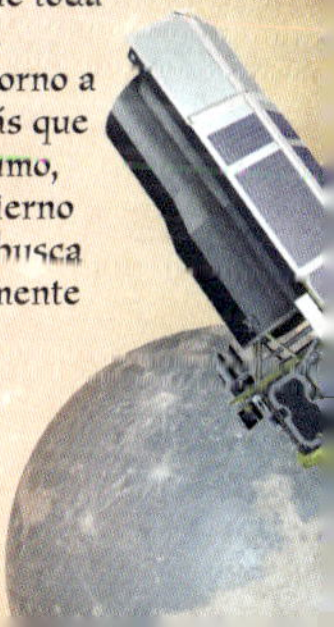

EL CASO DEL PLATILLO ESTRELLADO

El 7 de julio de 1947, después de una poderosa tormenta nocturna, el granjero Mack Brazel pacía sus ovejas cuando encontró los restos destrozados de lo que parecía un aparato aéreo desconocido. El episodio ocurrió en las proximidades de Corona, localidad del condado de Lincoln, Nuevo México, y Brazel informó tan pronto como pudo a la cercana base del Grupo de Bombarderos 509 de la Fuerza Aérea, en la ciudad de Roswell. Luego regresó al lugar del encuentro, acompañado por el oficial de Inteligencia, mayor Jesse Marcel, y su ayudante, que de inmediato pidieron refuerzos para recoger y transportar aquellos restos. Después de estudiarlos, el comandante de la base, coronel William Blanchard, ordenó que fueran trasladados al cuartel general de la 8ª División Aérea en Fort Worth, Texas, y ordenó al oficial de prensa, el teniente Walter Haut, que informara a los dos periódicos y las dos emisoras de Roswell que «se habían encontrado los restos de una nave extraterrestre».

Al día siguiente el general Roger Ramey, jefe superior de Blanchard, emitió un comunicado desde Fort Worth desmintiendo la información hecha pública en Roswell: los restos recuperados no pertenecían en absoluto a una nave extraterrestre, sino a un equipo meteorológico suspendido de un globo de neopreno, que la aviación militar tenía en ensayo. Los sorprendidos medios de comunicación y los indignados ufólogos se lanzaron sobre la Fuerza Aérea, acusándola de ocultar la verdad. La batalla de libros y artículos de ambos bandos, así como sus declaraciones, comprobaciones, comunicados y retractaciones continúa hasta la actualidad, en pro y en contra de la teoría de una conjura gubernamental para ocultar cualquier prueba de visitantes extraterrestres.

En 1978, el mayor Jesse Marcel, implicado en la recuperación de los restos de 1947, declaró en la televisión que estos restos eran seguramente de origen extraterrestre, y que no eran los mismos que enseñó el ejéricto. Su convicción era que los militares habían escondido en realidad el descubrimiento de una nave espacial.

El gran dilema de los ufólogos es que no existen pruebas incontrovertibles de sus afirmaciones (o si las hay, «alguien» las tiene escondidas). Por lo tanto el tema al que se dedican no constituye oficialmente una ciencia, y los gobiernos, instituciones académicas o entidades de patronazgo no lo consideran objeto de su apoyo. Salvo un puñado de «expertos» en ovnis, que han ganado buen dinero con sus libros y conferencias o cursillos, las numerosas asociaciones de ufólogos y centros de investigación y documentación se sostienen con aportes de sus miembros, o de algunos mecenas particulares que adhieren a su cruzada. El desdén hacia la ufología del resto del sistema hace pensar en que tal vez sea cierta la conjura de negación y ocultamiento que sus cultores denuncian. Vivimos en un mundo en el que se lucran adivinos, personajes mesiánicos, remedios extravagantes y esoterismos de todo tipo, y resulta ilógico que se rechace una hipótesis que, como hemos visto antes en este libro, se inspira en las más avanzadas teorías del Universo y de la Vida.

Los ufólogos integristas

Una dificultad de los cazadores de ovnis que intentan dar visos científicos a sus teorías es que deben compartir su terreno con una serie de embaucadores, trastornados, faarsantes, o simples incautos, que desprestigian el ámbito de la ufología. Este batiburrillo de observaciones y estudios de muy diverso rigor y calidad se debe, según los ufólogos más responsables, al arbitrario desprecio que reciben por parte de la ciencia oficial. Para el físico nuclear Stanton Friedman, uno de los primeros ufólogos en estudiar el incidente Roswell, los malentendidos con los ámbitos académicos han impedido llevar a cabo estudios científicos sobre la consistencia, origen y función de los ovnis, para establecer una rigurosa selección de los casos que podrían ser reales. Añade Friedman que aceptar la presencia de los platillos volantes no siempre implica sostener que provienen del espacio exterior. Incluso en la paradójica situación actual de la cuestión, los estudios sobre el fenómeno ovni han facilitado progresos en ciencias como la meteorología, la psicología social, y la neurología de la percepción humana. Se dice habitualmente que los peores adversarios suelen ser los más próximos, que en este caso lo son los buscadores de planetas habitados, como el SETI y algunos programas de la NASA, que nunca se han preocupado por interactuar con quienes creen que también los habitantes de esos planetas podrían estar interesados en descubrir la Tierra.

Sería sin embargo exagerado afirmar que los académicos en bloque consideran a la ufología una falacia. Entre sus defensores se cuentan científicos acreditados, como el ya citado J. Allen Hynek, profesor de astronomía en la Ohio Estate University, que fue el que estableció las «fases» en los encuentros cercanos con alienígenas, colaboró con las Fuerzas Aéreas de los Estados Unidos (USAF) en el proyecto denominado «Libro azul», y asesoró a Steven Spielberg en la película *Close Encounters of the Third Kind* (1977)[21]. Otro ejemplo es James E. McDonald, profesor de astronomía en la Universidad de Arizona y miembro del Instituto de Física Atmosférica de los Estados Unidos, que reniega de los ufólogos integristas que presentan a los extraterrestres como una especie de dioses, portadores de un gran secreto o de un mensaje de salvación. En opinión de McDonald «esa literatura estrafalaria ha sido uno de los factores principales en el desinterés de los científicos serios por reconocer que el problema ovni nada tiene que ver con esos delirios y fantasías». Y agrega finalmente: «Un preocupante número de científicos prominentes han pasado con demasiada facilidad a la conclusión de que sólo los chiflados ven platillos volantes».

El británico Peter A. Sturrock, profesor emérito de física aplicada en la Universidad de Stanford tuvo entre sus variados intereses la indagación sobre ovnis. Con ese fin efectuó varias encuestas entre cientos de investigadores escépticos y ufólogos convencidos, y entrevistó personalmente a los más destacados. En 1998 Sturrock organizó una reunión científica para discutir las presuntas pruebas materiales dejadas por los ovnis. Las conclusiones señalaban que esas evidencias no son concluyentes, pero también recomendaban que algunos casos particularmente sugestivos fueran objeto de estudios científicos más profundos. En base a las actas de la reunión, Sturrock publicó al año siguiente su

[21] Estrenada en España en 1978 con el título de *Encuentros en la Tercera Fase*, en Latinoamérica se llamó *Encuentros del Tercer Tipo*.

libro *The UFO Enigma: A New Review of the Phisical Evidences* («El enigma ovni: Una nueva revisión de las evidencias físicas»).

En cuanto al voluble Carl Sagan, se mostró siempre bastante escéptico sobre una explicación extraterrestre para la aparición de los platillos volantes. No obstante, nobleza obliga, en 1969 organizó un simposio sobre el tema, considerando que la ciencia tenía una actitud injusta hacia la ufología. Según el sociólogo Ron Westrum, prestigioso experto en dinámica organizacional en el campo de la aviación, aficionado a los ovnis y asesor de varias sociedades ufológicas, «Sagan dedicó muy poco tiempo a investigar sobre los ovnis; pensaba que había escasas evidencias de que ese fenómeno representara la presencia de naves espaciales alienígenas, y que esa interpretación tenía un fuerte componente emocional». El propio Carl Sagan dejó testimonio de esa ambigüedad en su libro *Other Worlds* («Otros mundos»), publicado en 1975, en el que afirma: «Los casos probables no son interesantes, y los casos interesantes no son probables. Lamentablemente no se dan casos que sean a la vez probables e interesantes».

Pilotos: la mirada más idónea

Los pilotos de las fuerzas aéreas y de las aerolíneas comerciales son, por su entrenamiento y su experiencia, los testigos más autorizados de la presencia de ovnis. Conocen perfectamente los fenómenos meteorológicos y saben qué otros aviones o artefactos espaciales pueden encontrar en sus vuelos. Son expertos que cada año acumulan centenares de horas en el aire, están capacitados para calcular la distancia, dimensión y velocidad de cualquier otro aparato volante, y han sido especialmente entrenados para identificar cualquier circunstancia que ponga en peligro a su aeronave. Resulta difícil hallar otra actividad que permita conocer tan en directo los acontecimientos habituales del cielo, y por lo tanto pueda identificar con certeza cualquier incidente extraordinario. Además pueden acercarse, perseguir, acompañar, o sobrevolar otros objetos volantes, lo que les concede una ventaja fundamental sobre los observadores en tierra, y los convierte en los testigos más fiables de cualquier fenómeno que

ocurra en el aire. Si los ovnis existen, es imposible que uno o más pilotos profesionales no los hayan visto. Y si ninguno de ellos hubiera registrado un avistamiento, sería una prueba contundente de que no existen.

En 1954 tuvo lugar una reunión de altos cargos del Departamento de Defensa de los Estados Unidos y directivos de las principales compañías aéreas comerciales. El objetivo era tratar la inusual cantidad de noticias de prensa sobre avistamientos de ovnis por parte de pilotos y tripulantes de esas aerolíneas. El transcurso del encuentro se vio dificultado en razón de que no había una entidad que recogiera y registrara los datos proporcionados por pilotos militares y civiles, quizá por una casi instintiva tendencia de ambas partes a ocultarlos. En las décadas siguientes se hicieron varios intentos por subsanar esa carencia, cuya andadura resultó fallida o incompleta, al punto de que los registros más atendibles, pero necesariamente sesgados, eran los que llevaban algunas asociaciones de ufología como el ya mencionado NICAP, fundado en 1957 por el escritor y ufólogo Donald Keyhoe y el mayor retirado T. Towsend Brown.

Al finalizar la II Guerra Mundial, las fuerzas aéreas estadounidenses no sabían qué hacer con los numerosos informes sobre avistamientos de platillos volantes. El criterio más extendido era que se trataba de reconocimientos erróneos, ma-

Según unos informes desclasificados, parece ser que los nazis ya dominaban la propulsión gravitacional e idearon estos aparatos que volaron y se utilizaron en la Segunda Guerra Mundial. Pero ¿continúan haciéndolo hoy?

yormente de aparatos militares que cruzaban los cielos de Norteamérica en fase de prueba o entrenamiento. Pero como se ha dicho ya, la descripción de muchos de los objetos avistados no parecía corresponder a ningún modelo de avión existente en la época. Finalizada la guerra, el general Nathan Twining, jefe del Comando de Material Bélico de la USAF (United States Air Force), con sede en la base Wright-Patterson en el estado de Ohio, propuso que se creara un programa para estudiar oficialmente el tema. En respuesta a su pedido se elaboró el proyecto «Sign» en 1947. En su primer informe sobre el estado de la cuestión, elaborado al año siguiente, los investigadores del Sign señalaban que los platillos eran objetos volantes reales, aunque no construidos por los Estados Unidos ni por la Unión Soviética, admitiendo la posibilidad de que fueran de origen extraterrestre. Cuando el documento llegó a manos del jefe de Estado Mayor de la USAF, general Hoyt Vandenberg, éste rechazó sus conclusiones por falta de pruebas materiales, y de paso desmontó la estructura del Sign.

El capitán Edward J. Ruppelt era un oficial que había trabajado en el proyecto Sign, al que se atribuye la creación de la sigla UFO, en reemplazo de las obsoletas y confusas referencias a platillos o discos volantes. El alto mando aéreo lo escogió a finales de 1951 para dirigir un nuevo proyecto de estudio denominado «Grudge» (conflicto o desafío), ellos sabrían por qué. Escaldado por lo ocurrido con el informe anterior, Ruppelt elevó unas conclusiones que aseguraban que todas las visualizaciones de ovnis podían explicarse como interpretaciones erróneas de fenómenos naturales o de aeronaves terrestres. No obstante, tuvo la audacia de estipular que un 23% de los casos no tenían una explicación razonable.

De todas formas el Grudge resultó aún más efímero que su antecesor, ya que fue clausurado en marzo de 1962, a menos de cuatro meses de su iniciación. Sucedió que hacía ya un tiempo que varios altos jefes de la USAF, con gran influencia en el Pentágono y en la Secretaría de Defensa, estaban en desacuerdo con la forma en que llevaba la fuerza aérea la cuestión de los ovnis. Uno de los líderes de esa corriente de opinión era el general de aviación Charles P. Cabell, de la Junta de Jefes de Estado Mayor. A comienzos de 1952 fue destinado bajo el mando de Cabell el general William Garland, muy interesado en el tema a partir de haber visto un ovni en uno de sus vuelos. Garland convenció a su superior de que el tema de esos objetos volantes debía ser investigado seriamente, y ambos convocaron a Edward Ruppelt para confiarle un nuevo proyecto denominado «Libro Azul». El capitán aceptó el desafío, y se trazó dos objetivos básicos: establecer si los ovnis representaban un riesgo para la seguridad nacional; y analizar en profundidad los datos relacionados con ese fenómeno. Esos estudios se llevaron a cabo por acuerdo con la Fundación Batelle, una entidad científica sin fines de lucro que coordinó las investigaciones. Los primeros resultados fueron presentados por Ruppelt en el llamado «Informe especial Núm.14», uno de los documentos más relevantes y polémicos en la breve historia de la ufología.

En julio de 1952 hubo una serie de avistamientos de objetos desconocidos volando sobre el aeropuerto nacional de Washington, que produjo cierta alarma en la población. El director de la CIA, J. Edgard Hoover, que no creía en platillos alienígenas pero sí en un ataque por sorpresa de la Unión Soviética, creó una comisión de científicos paralela en cierta forma al proyecto Libro Azul, pero sin tomar en cuenta los estudios recogidos en el Informe 14. Esa comisión, presidida por el físico del Instituto Tecnológico de California H. P. Robertson, encontró que todos los casos de avistamientos de ovnis eran explicables, y aconsejaba una investigación más profunda para demostrarlo. Al mismo tiempo la CIA presionó a la USAF para que restara importancia y recursos al proyecto Libro Azul, al punto de que su personal fijo se redujo de diez a tres personas, incluyendo al capitán Ruppelt. Por otro lado, Hoover instrumentó una amplia campaña para desacreditar a los ufólogos y los ovnis ante el público, utilizando a instituciones académicas, medios de comunicación, y personajes famosos, que de buen o mal grado se sometieron al poderoso e inescrupuloso jefe de la CIA. Ruppelt, enfadado y decepcionado, dimitió de su cargo en diciembre de 1953 y se retiró de la fuerza aérea para trabajar en la industria aeronáutica. Según la mayoría de sus superiores y colaboradores había cumplido una brillante labor al frente del proyecto, aunque más tarde se le reprocharía que hubiera hecho demasiadas concesiones. De acuerdo con el autor y experto ufólogo Jerome Clark, «muchos estudiosos del Libro Azul coinciden en que los casi dos años de Ruppelt fueron la edad de oro del proyecto, cuando las investigaciones eran dirigidas y conducidas con mayor eficacia. El propio Ruppelt tenía

una mentalidad abierta respecto a los ovnis, y sus investigadores no eran forzados a dar determinadas explicaciones, como los del proyecto Grudge».

Los directores que sucedieron a Ruppelt fueron todos escépticos con respecto a los extraterrestres, y dieron al Libro Azul un sesgo negacionista, más en consonancia con los deseos de la fuerza aérea y el Gobierno de los Estados Unidos. En diciembre de 1969 se recibió la orden de dar fin al Libro Azul, que puede ser consultado en la sección de documentos militares modernos del Servicio de Archivos y Registros Nacionales en Washington, aunque todos los testigos son presentados con nombres ficticios.

En 1966 la USAF encomendó a un politizado doctor en física, Edward U. Condon, la elaboración de un informe sobre los avistamientos de platillos volantes. El documento de Condon se publicó tres años después, con evidentes fallos y manipulaciones de datos para ofrecer un resultado negativo. Los ufólogos de la época acusaron a Condon de haberse prestado a un montaje de la Fuerza Aérea, para mantener oculto el material más favorable a la existencia de los ovnis.

Hubo que esperar hasta el año 2000 para la creación del NARCAP (National Aviation Reporting Center on Anomalous Phenomena), una organización oficial dedicada según sus estatutos a «mejorar la seguridad aérea e impulsar el conocimiento científico», y más concretamente a «recolectar datos relacionados con informes de la comunidad de aviación, sobre encuentros aéreos con luces u objetos que parecen incoherentes con las categorías conocidas de aeronaves o fenómenos atmosféricos comunes».

Un año después el francés Dominique F. Weinstein, asesor técnico del NARCAP, dio a conocer el que hasta hoy es el informe más completo sobre avistamientos de ovnis por aviadores profesionales. Este catálogo incluye 1.305 casos registrados, de los cuales 606 corresponden a aparatos militares, 444 a aeronaves de aerolíneas comerciales, 193 a aviones particulares, 19 a varios tipos de máquinas volantes (avionetas, helicópteros, hidroplanos, etc.), y 43 que no mencionan la clase de aparato que hizo el avistamiento. El informe del NARCAP ha clasificado los objetos volantes descritos por los pilotos profesionales en tres tipos: objetos geométricos, generalmente con forma de discos (los famosos «platillos»), óvalos o elipses; aparatos alargados que se ase-

mejan a cigarros o cohetes; y luces giratorias o que se desplazan haciendo maniobras en el aire.

El esfuerzo de Weisntein y sus colaboradores fue considerable, pues debieron rastrear y rescatar los casos ocurridos desde más de cincuenta años atrás, la mayoría de ellos en la época de la II Guerra Mundial y la de Corea. Es sabido que los militares tienen prohibido revelar y comentar información reservada, por lo que numerosas visualizaciones antiguas fueron declaradas por los pilotos después de retirarse del servicio activo. Algunos incluso, como el citado astronauta Scott Carpenter, llegaron a tomar fotografías de los ovnis que la NASA nunca hizo públicas. Por su parte, los pilotos de aerolíneas civiles han proporcionado algunos de los testimonios más interesantes, aun contra las presiones de las compañías para que no divulgaran ese tipo de incidentes.

Los pilotos son la fuente más preciada en los avistamientos de ovnis.

Cabe preguntarse por qué los gobiernos, sus fuerzas aéreas, y las aerolíneas comerciales tienen tanto interés en ocultar o minimizar el fenómeno ovni, llegando en varios casos a la manipulación de informes y datos. En tiempos de la Guerra Fría muchas visualizaciones fueron atribuidas, a veces con razón, a pruebas de aeronaves o armas aéreas avanzadas que estaba desarrollando el adversario. En esa situación de conflicto bélico latente se puede justificar el secreto, para evitar que el otro bando sepa que su invento ha sido descubierto. Pero aquel enfrentamiento acabó en 1991, y la sociedad civil sigue desconociendo los datos más importantes para explicar las visualizaciones de ovnis, o la ubicación de los presuntos restos de naves alienígenas que se han precipitado a tierra. Se dice que los políticos y militares temen que revelar toda la verdad podría provocar el pánico de la población ante una eventual invasión extraterrestre. ¿Sería mejor que nos cogieran desprevenidos? Y si efectivamente tienen pruebas de que todos los avistamientos de platillos volantes son erróneos o falsificados, ¿por qué no demostrarlo públicamente para tranquilizar a los asustadizos?

Tal vez la única explicación posible sea el temor (o la certeza) de que los alienígenas tengan o sepan algo que transformaría totalmente nuestra civilización, incluyendo la forma en que está organizado el poder en este mundo.

Encuentros en la tercera fase

En la noche del 19 de septiembre de 1961, el matrimonio compuesto por Barney y Betty Hill viajaba de regreso a casa por la Ruta Interestatal 3, que atraviesa la región de White Mountains, en New Hampshire. Regresaban de unas vacaciones en las que habían visitado las Cataratas de Niágara y la ciudad canadiense de Montreal. Se habían detenido en una hamburguesería junto a la carretera, en Colebrook, y ahora continuaban su itinerario en dirección a Portsmouth, donde residían. Barney era un hombre moreno de ascendencia materna etíope, sufría de una úlcera de estómago y trabajaba como empleado de Correos en Boston. Betty era una trabajadora social blanca, y ambos tenían algo más de cuarenta años.

Figuras que bajaron del cielo

Alrededor de la medianoche los Hill divisaron, debajo de la Luna, una estrella brillante que parecía perseguir al automóvil. Betty, cuya hermana Janet había presenciado unos años antes el paso de un presunto ovni, dijo angustiada que sin duda se trataba de una nave extraterrestre. Barney, hombre práctico y con

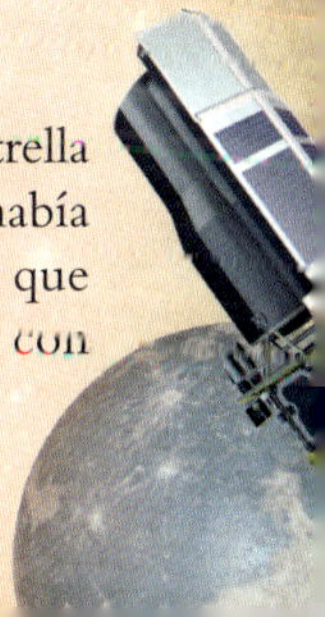

los pies en la tierra, procuró calmarla diciéndole que debía tratarse de un avión de línea o un satélite artificial.

Unos kilómetros después, al norte de Woodstock, Betty pidió a su esposo que se detuvieran un momento para que su perro mascota, Dolsey, pudiera atender a sus necesidades. Mientras ella paseaba al chucho por la arboleda que bordeaba la carretera solitaria, Barney cogió los prismáticos que guardaba en la guantera para observar mejor aquella luz en el cielo. Comprobó que había aumentado de tamaño, lo que significaba que estaba más cerca, y que se desplazaba con un movimiento oscilatorio, como contoneándose. Cuando él retomó el volante, Betty se arrebujó a su lado, asustada, sin poder dejar de mirar fijamente el objeto luminoso. Al llegar al lugar llamado Cabeza de Indio, Hill detuvo otra vez el coche y salió al descampado pedregoso sobre el que se balanceaba el extraño aparato. Éste tenía el aspecto de una tartaleta metálica, en la que se distribuían dos hileras de ventanas redondas. Barney se acercó un poco más, desoyendo los desesperados llamados de Betty para que volviera al coche, y miró al objeto con los prismáticos. Pudo ver varias figuras humanoides moviéndose bajo las luces de colores que iluminaban las ventanas. Una de esas figuras, más alta que las otras, parecía estar dando órdenes. Barney temió que se refirieran a su persona, y regresó corriendo junto a su esposa. Oyeron un largo y chirriante zumbido alejándose, y vieron que el ovni ya no estaba en su sitio. Los Hill continuaron viaje hasta llegar a su hogar en Portsmouth, sin que en ese trayecto ocurriera nada raro.

A la mañana siguiente Barney descubrió varios puntos en la carrocería de su automóvil, en los que se había desprendido la pintura dejando ver el metal. Su cuñada Janet dijo que debían comprobar si esos puntos estaban magnetizados, según había leído en un artículo sobre el fenómeno ovni. Efectivamente, cuando Hill acercó una brújula de campaña a las marcas despintadas, la aguja comenzó a girar descontrolada. Janet les aconsejó que informaran de todo el asunto a la cercana base aérea de Pease. Allí los recibió el mayor Paul W. Henderson, del Ala de Bombarderos Núm. 100. Curiosamente, Pease alojaba también al Ala de Bombarderos 509, trasladada desde la base de Roswell, donde en 1947 se había precipitado envuelto en llamas un aparato aéreo desconocido. Henderson aseguró a los Hill que la luz que vieron era sin duda un fenómeno meteorológico, y Barney no se atrevió a contarle lo de las figuras que había visto en el interior de aquella nave. Más tarde algunas filtraciones extraoficiales aseguraron que aquella misma noche el radar de la base de Pease había corroborado la observación de los Hill. Ese registro no está muy claro y consta solo una breve mención en el informe interno Núm. 100-1-61: «A las 0214 hora local del 20 de septiembre ocurrió un incidente extraño. En ese momento no se le dio ninguna importancia». Cuál fue el incidente y por qué no se le dio importancia parecen ser sólo detalles, descartados por el laconismo del lenguaje castrense.

Después de haber informado a la Fuerza Aérea, Barney se esforzó por olvidar el asunto y no hablar más de ello. Tampoco mencionó los fuertes dolores de espalda que sufría desde aquel día, ni las profundas rozaduras en las punteras de sus zapatos, como si hubiera sido arrastrado sobre un terreno irregular. Su silencio se debía quizás a que consideraba aquel episodio como un secreto militar, o más probablemente porque lo avergonzaba contar esa historia tan fantástica y temía que la gente se burlara de él. Pero mientras su marido recorría cada día el largo camino de ida y vuelta entre Portsmouth y Boston para ir a su trabajo, Betty Hill estaba cada vez más obsesionada por lo ocurrido aquella noche. Hablaba continuamente sobre el tema con su hermana Janet, más experta en ovnis que ella, y ambas recorrían kioscos y bibliotecas en busca de publicaciones sobre el tema. Un día encontraron el libro de Donald Kehoe *La conspiración de los Platos Volantes*, y Janet convenció a su hermana de que escribiera al autor narrándole su experiencia. En el ínterin Betty había comenzado a sufrir unas terribles pesadillas, que se prolongaron durante varias noches. En ellas se veía secuestrada junto a Barney por unos seres horribles con ojos de gato, que los llevaban al interior de una nave extraterrestre.

Mientras tanto Kehoe se había interesado lo bastante en la carta de Betty Hill, como para pasársela a Walter Webb, estudioso y conferenciante en el Planetario Hayden de Boston, y consultor científico del NICAP (National Investigations Committe on Aerial Phenomenon), una asociación privada de aficionados a los ovnis dirigida por el propio Kehoe. A indicación de éste, Webb viajó a Portsmouth y pasó varias horas entrevistando exhaustivamente a los Hill. Luego redactó un largo informe para el NICAP sobre lo que ellos le habían contado, remarcando su impresión de que se trataba de personas centradas y sinceras. Ke-

«A la noche siguiente Antonio salió solo al campo, y unos minutos más tarde de la una vio reaparecer la misma luz, resplandeciente como una bola de fuego, que se acercó flotando a unos 90 m de altura.»

hoe volvió a mover pieza enviando a dos escritores de su entorno, C. D. Jackson y Robert Hohman, para que a su vez hablaran con los Hill. En el curso de esa entrevista uno de los autores comenzó a hacer cálculos comparando la distancia recorrida entre Colebrook y Portsmouth, junto a la velocidad media que llevaba Barney, con el tiempo que tardaron en hacer ese trayecto. El sorprendente resultado fue que sobraban dos horas, aun contando los 10 o 15 minutos que habría durado el incidente con el ovni. Según coincidieron ambos esposos, esas dos horas perdidas deberían situarse inmediatamente después del mismo incidente. ¿Serían entonces verdaderas las pesadillas de Betty? ¿Los extraterrestres habrían borrado y manipulado su memoria, pero el recuerdo reaparecía en sueños? La otra opción era que los Hill se hubieran inventado toda la historia, inspirados por las luces de un avión o de un fuego fatuo.

En la primavera de 1962 Betty, que seguía preocupada por aquella pérdida total de la memoria de dos horas de su vida, convenció a Barney de que consultaran a un psiquiatra. El escogido fue el doctor Benjamin Simon, quien les propuso una terapia de regresión para hacer aflorar sus recuerdos subconscientes. Aunque los Hill se sometieron a esas sesiones por separado, sus relatos bajo hipnosis de lo ocurrido aquella noche fueron prácticamente coincidentes. En su informe médico para la compañía de seguros, Simon afirmó que no creía que los Hill estuvieran mintiendo. Su diagnóstico clínico manifestaba que Betty habría creado inconscientemente las pesadillas sobre la abducción, para llenar esas dos horas que su mente había perdido. Cuando se lo contó a Barney, éste asumió lo que ella había soñado, porque su subconsciente también necesitaba explicar ese periodo de amnesia. Esto no aclara qué ocurrió en ese lapso de tiempo olvidado, ni da cuenta de las marcas magnéticas en la carrocería del coche o las rozaduras en las punteras de los zapatos de Barney. Pero el mayor enigma reside en el detallado esquema que dibujó Betty del sistema estelar Zeta Reticuli, que en sus pesadillas había bosquejado uno de los alienígenas, como lugar de origen del ovni. Los astrónomos sólo descubrieron esa agrupación de estrellas en la constelación Reticuli, seis años después de que la señora Hill la trazara con notable precisión.

El caso de los Hill fue el primero en provocar una gran repercusión pública, sin duda porque se trataba de una abducción, un verdadero encuentro en la

tercera fase. En esa época ya se habían informado numerosos avistamientos de ovnis, pero estos nunca acababan de aterrizar. Algunos testimonios incluían la presencia de seres alienígenas, aunque en descripciones tan delirantes que invalidaban su credibilidad. Las declaraciones de Barney y Betty sonaban como más honestas y sinceras, e inauguraron una extendida ovnimanía que llegó a constituir una verdadera pseudociencia. Durante un tiempo los medios y el público se dividieron entre quienes creían a los Hill y los escépticos que pensaban que su historia era falsa. El relato de la abducción se publicó en dos partes en la prestigiosa revista *Look*, motivó un libro de John G. Fuller titulado *The Interrupted Journey* (El viaje interrumpido), y una película protagonizada por Estelle Parsons y James Earl en los papeles de Betty y Barney. Sea verdadero o falso, el episodio narrado por los Hill sigue siendo un referente obligado cuando se trata el tema de las abducciones por ovnis alienígenas.

Aunque el interés general por las abducciones se produce a partir de la década de 1960, antes de esa fecha ya se produjeron casos. La más antigua registrada en América corresponde a una publicación de 1897 en el *Daily Mail* de Stockton, California.

Experiencia sexual en un ovni

Un efecto colateral de la repercusión del caso Hill fue el de traer al primer plano el caso del agricultor brasileño Antonio Villas Boas, ocurrido unos años antes, y que pese a su sorprendente contenido apenas había trascendido hasta entonces del ámbito local. Villas Boas era un joven agricultor brasileño de 23 años, que se ocupaba de una próspera propiedad familiar en el estado de Minas Gerais. Empleaba a varios campesinos durante el día, pero él y su hermano Joâo acostumbraban a trabajar en las horas nocturnas, para evitar el intenso calor. El 14 de octubre de 1957 los Villas Boas estaban arando una de sus parcelas, cuando a eso de las diez de la noche vieron una gran luz rojiza que oscilaba a baja altura sobre el terreno. Antonio se acercó impulsivamente hacia ella, que tomó velocidad para alejarse. El agricultor echó a correr, intentando alcanzarla, y casi lo consigue antes de que la luz desapareciera en el cielo nocturno. Cuando regresaban a casa Joâo comentó que debía tratarse de un fuego fatuo, producido por la fosforescencia de alguna osamenta enterrada.

A la noche siguiente Antonio salió solo al campo, y unos minutos más tarde de la una vio reaparecer la misma luz, resplandeciente como una bola de fuego, que se acercó flotando a unos 90 m de altura. El joven pudo ver que el resplandor brotaba de un objeto brillante de forma oval. Sobrecogido, hizo girar el tractor con intención de ir a buscar ayuda. Pero el objeto, ahora claramente reconocible como un ovni, sacó de su vientre tres patas de metal, y aterrizó a unos diez metros delante del vehículo, cortándole el paso. Antonio bajó al suelo y echó a correr sobre los surcos arados, cuando unos cuatro o cinco seres que habían salido de la extraña nave se abalanzaron sobre él, sujetándolo con fuerza. Villas Boas fue arrastrado hacia el ovni, e introducido en su interior. Una vez dentro, pudo ver a los extraterrestres a plena luz, y nunca mejor dicho.

Sigue contando Villas Boas que sus raptores lo dejaron solo en una pequeña habitación totalmente blanca, sin mueble alguno y ampliamente iluminada. Luego de un largo rato entraron dos de ellos, y venciendo su tenaz oposición lo desnudaron por completo. «Aunque tuvieron que usar la fuerza —declaró

CON PINTA DE ALIENÍGENAS

De acuerdo con el detallado relato posterior de Antonio Villas Boas, sus captores vestían unos trajes de un material gris finamente listado y muy ceñido, que les cubría desde los pies hasta la nariz. Sólo había una abertura a la altura de los ojos, pero estos estaban cubiertos por unas gafas de tipo submarinista, cuyos gruesos cristales apenas dejaban adivinar unas pupilas de color claro. Se comunicaban entre sí con unos sonidos estridentes que estremecían los oídos de Antonio, quien también pudo advertir que aquellos seres eran incapaces de doblar todos los dedos de la mano juntos, y los utilizaban haciendo pinza con el pulgar. Del pecho les salían dos tubos flexibles, uno a la derecha y otro al centro, que se doblaban hacia atrás sobre los hombros para calzarse nuevamente en la zona de los omóplatos. Los extremos de los tubos se conectaban directamente al traje, sin que se vieran instrumentos o aparatos de control por encima o por debajo de la ajustada tela. Lo más llamativo de su atuendo era un alto casco también gris que les cubría toda la cabeza, elevando más de un palmo su estatura. El joven abducido sospechaba que ese casco ocultaba los controles que él no podía distinguir a simple vista.

más tarde—, no me produjeron verdadero daño y hacían gestos indicándome que querían ser cuidadosos». El joven entonces permitió que le extrajeran con especial delicadeza unas muestras de sangre del mentón, dejándole unos puntos rosáceos que serían verificados por los médicos que lo examinaron unos días después. Finalmente lo rociaron por completo con un líquido incoloro y espeso, y lo trasladaron a otra habitación. Antonio se sentó en el único mueble que había, una especie de canapé de color blanco, muy mullido y sin patas. Por unos orificios de las paredes comenzó a salir un humo de olor nauseabundo, tan insoportable que al rato el joven tuvo que ir a vomitar en un rincón. Pasó

casi una hora esperando a ver qué otra cosa le harían sus captores, y lo que ocurrió entonces fue una auténtica e inesperada sorpresa.

Una puerta disimulada se abrió en una de las paredes metálicas, y por ella entró una extraterrestre completamente desnuda. Ni siquiera llevaba casco, por lo que Antonio pensó que el humo maloliente contenía alguna sustancia que le permitía respirar a cara descubierta. En sus declaraciones posteriores la describiría como de una belleza perfecta, con un cuerpo sensual y bien proporcionado y un rostro de una extraña hermosura: «Ella se acercó lentamente, sin prisa, y al parecer algo divertida por el azoramiento que debía traslucir mi cara. Era hermosa, con un tipo de hermosura diferente en comparación con las mujeres atractivas que yo había conocido». Luego de una descripción del voluptuoso físico de la alienígena, que la presenta como más humana de lo previsible, el joven detalla los largos cabellos rubios, casi blancos, partidos al medio en dos partes que se juntaban en la nuca para caer por la espalda. «Tenía los ojos azules, alargados, y no llevaba maquillaje —continúa el relato de Villas Boas—. La nariz era recta, ni aguileña ni respingona, y no muy larga. El contorno de su rostro sí era diferente, porque mostraba unos pómulos muy altos y prominentes, que hacían que la parte inferior de su cara fuera como un triángulo invertido que terminaba en el mentón en punta». Sigue diciendo que los labios de la mujer eran muy delgados, casi invisibles; que sus orejas eran pequeñas y de forma normal; y que cuando pudo tocarle los pómulos notó que su consistencia era blanda y flexible, como si no fuera ósea.

La extraterrestre se sentó junto a él y lo abrazó, deslizando su cuerpo desnudo contra el suyo y rozándole la cara con sus suaves mejillas. El joven abducido cree que el líquido con el que lo habían rociado antes podía ser un estimulante sexual, porque a pesar del miedo que sentía, comenzó a excitarse. Respondió a los gestos eróticos de la mujer, aunque en ningún momento se besaron en la boca. La alienígena se tendió sobre el canapé, y Antonio le hizo el amor fogosamente dos veces seguidas. Ella participó con ardiente sensualidad, emitiendo unos extraños sonidos de placer que parecían gruñidos o ladridos de perro. También Villas Boas se lo pasó bien, según declaró, aunque después de terminar la segunda cópula ella se apartó con frialdad, lo que le hizo sospechar que lo había utilizado con algún fin ajeno a la pasión sexual. Acto seguido entró uno de los extraterrestres masculinos, que ordenó a la mujer que se retirara. Ella miró a Antonio y, como saludo de despedida, se puso la mano en el bajo vientre y luego señaló hacia arriba[22]. El extraterrestre condujo al joven abducido al recinto donde había dejado sus ropas, indicándole por señas que volviera a ponérselas. Una vez vestido lo guiaron en un rápido «tour» por la nave, que en su mayor parte consistió en visitar estancias casi vacías, blancas e iluminadas a tope. Si había un cuarto de mandos o un laboratorio, Antonio no pudo verlos. Finalmente, con súbita y brusca prisa, fue llevado a una abertura con una rampa, desde la que saltó al suelo abierto en surcos de su parcela. La abducción había finalizado y Villas Boas miró su reloj: Eran las cinco y media de la madrugada, por lo que había permanecido durante cuatro horas y cuarto en el interior de la nave. Luego comprobó que aquellos seres debían saber algo de mecánica terrestre, porque habían inutilizado su tractor arrancando los cables de la batería. Ese era el único daño en la que —en su opinión— había sido una experiencia insólita pero inofensiva, e incluso con algunos momentos muy agradables.

Antonio resolvió guardarse aquella experiencia para sí y no contársela a nadie, a excepción de su hermano João. Pero en las semanas siguientes a su presunta abducción le fueron apareciendo una serie de síntomas extraños: dolores musculares, mareos, náuseas, migrañas, picor ocular y manchas cutáneas. Convencido de que esos males eran consecuencia de su estancia en el ovni, y preocupado por la posibilidad de que empeoraran, decidió consultar al doctor Olavo T. Fontes, prestigioso médico internista y profesor en la Escuela Nacional de Medicina de Rio de Janeiro, que era el representante en Brasil de la asociación de ufólogos estadounidenses APRO (Aerial Phenomena Research Organization). Villas Boas había escogido a Fontes por este último dato, y el médico no mostró ninguna sorpresa cuando él le explicó que había sido abducido por un ovni. Luego de comprobar los pequeños nódulos rojizos e inflamados que tenía Antonio en la piel, lo sometió a un extenso interrogatorio clínico y a diversas pruebas

[22] Según Villas Boas, con ese gesto ella le indicaba que lo esperaría para continuar su relación. De acuerdo con la opinión más plausible de algunos investigadores del caso, la mujer expresaba que daría a luz un hijo mestizo de ambos cuando regresara a su planeta.

psicofísicas. Finalmente Fontes le sugirió que contara toda su historia a un círculo reducido de expertos. Antonio aceptó, y el tal círculo estuvo formado por tres personas: el propio médico, el periodista Joâo Martins, y un anónimo oficial de la Inteligencia militar brasileña, que se mostró muy interesado por los detalles de la nave alienígena y la conducta de sus tripulantes. Unos días después Martins publicó en su periódico un artículo sobre la experiencia de Villas Boas, que tuvo repercusión en los medios sensacionalistas de Brasil. En los años siguientes Antonio siguió contando la misma historia, sin variar una coma, mientras estudiaba abogacía. Cuatro años después, en 1961, el sonado «Caso Hill» obtuvo una mayor difusión internacional (tal vez por la simple razón de haber ocurrido en los Estados Unidos). En esa ola de fascinación por los ovnis, la abducción de Villas Boas alcanzó un eco mediático más extendido. Su experiencia y la de los Hill siguen siendo hasta hoy los dos modelos canónicos de encuentros en la tercera fase. En cuanto a Antonio Villas Boas, abrió un bufete de abogado en la ciudad de Formosa, estado de Goiás, donde ejerció esa profesión hasta su muerte en 1992, a los 58 años de edad.

¿Son reales las abducciones?

Aun los ufólogos más exigentes aceptan el episodio sucedido al matrimonio Hill y el detallado relato de Antonio Villas Boas, como casos auténticos y comprobados de personas abducidas por seres extraterrestres. Sus principales argumentos son, para el caso Hill, las pesadillas de Betty, las marcas en el coche y el calzado de Barney, las regresiones coincidentes que ambos experimentaron bajo hipnosis y, sobre todo, el diseño que hizo la señora Hill de un sistema estelar que todavía no se conocía. Varios autores escépticos, como Martin S. Kottmeyer o Peter Rogerdon, rebaten esas presuntas pruebas sosteniendo que las marcas en el coche y los zapatos de Barney pudieron producirse durante su largo viaje por territorios inhóspitos, o que todo el episodio era una invención de los esposos Hill, ya fuera intencionada o ingenua. Betty, una mujer de espíritu fantasioso, habría quedado muy influida por la supuesta visión de un ovni

por su hermana Janet, y al ver una luminiscencia de origen natural, imaginó que era el mismo u otro objeto volante extraterrestre. Esa alucinación, exagerada hasta una abducción al interior de la nave por unos «hombrecillos grises»[23], motivó las terribles pesadillas que casi la sacan de quicio. Los autores incrédulos sostienen que sin duda debió relatar esos sueños a Barney, e incluso discutirlos largamente con él, al punto de que este acabó asumiendo como real buena parte de la historia. Por otra parte, la presunta abducción explicaría el lapso de dos horas de amnesia total, que producía una obsesiva ansiedad a la pareja. No obstante, ninguno de los expertos opuestos a aceptar el caso Hill como un episodio real ha podido dar cuenta de los avanzados conocimientos sobre Zeta Reticuli que adquirió esa noche la señora Hill, mucho antes del descubrimiento de ese sistema estelar por la ciencia astronómica.

---

[23] Los «hombrecillos grises» han pasado a ser en otros relatos y en la cultura popular el prototipo de los extraterrestres en los casos de abducción. Se los suele representar con una estatura que no alcanza el metro y medio, la piel de color gris, un cuerpo esmirriado de brazos muy largos y una cabeza muy grande con enormes ojos felinos. Hay también historias sobre «hombrecillos verdes» con similares características.

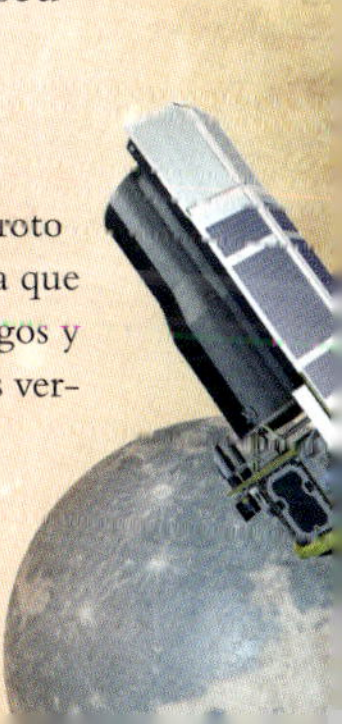

La descripción del interior de los ovnis que protagonizan las abducciones suele ser la de una habitación totalmente blanca, sin muebles innecesarios y ampliamente iluminada.

El caso de Antonio Villas Boas es más fácil de rebatir. Adjudicarlo a una ensoñación erótica de un joven de 23 años que vive en un sitio solitario, fue la primera y obvia explicación de los escépticos. Se puede aceptar que vio la luz extraña, producida por una estrella fugaz u otro fenómeno meteorológico, y que imaginó sin gran convicción que podía ser un ovni. A partir de ese supuesto soñó esa noche la excitante escena con la atractiva alienígena. En el mismo sueño, o en la vigilia posterior, dio forma al momento de la abducción y sus detalles, así como a sus raptores y a los repetidos decorados casi vacíos del interior del ovni. Quizá él mismo lo consideró como un sueño o una alucinación, hasta que la serie de malestares que empezó a sufrir le hizo pensar que su presunta fantasía podía haber sido real. Algunos investigadores se preguntan también hasta qué punto el doctor Fontes, un ufólogo convencido, pudo haber influido en la autosugestión de Antonio y en los componentes de su relato.

Aunque el interés general por las abducciones se produce a partir de la década de 1960, antes de esa fecha se produjeron casos que Jerome Clark, investigador del Center of Ufo Studies (CUE), denominó «paleo-abducciones». La más antigua registrada en América corresponde a una publicación de 1897 en el *Daily Mail* de Stockton, California. En ella un tal coronel H.G. Shaw declara que él y un amigo que no nombra fueron atacados por tres «humanoides» altos y delgados, con el cuerpo cubierto de un vello lacio y suave, que intentaron secuestrarlos. Clark no dice si el coronel explicaba cómo hicieron para escabullirse. También el ya citado Peter Rogerson señala que en su libro *Flying Saucers Uncensored* (1955) o sea «Platos volantes sin censura», el autor británico Harold T. Wilkins denuncia que Karl Hunrath y Wilbur Wilkinson, presuntos protagonistas de contactos con extraterrestres, habían desaparecido en circunstancias extrañas.

Un argumento interesante que esgrimen los expertos que descreen de las abducciones es la excesiva «humanización» de los captores extraterrestres. Todos tienen un cuerpo erguido, dos piernas, dos brazos, una cabeza y un par de ojos. Sus variaciones de tamaño, color, o conformación, parecen tímidas modificaciones del modelo humano conocido por sus víctimas, como si no hubieran podido imaginar seres demasiado distintos. La astrobiología supone que la vida sólo se da en determinadas condiciones ambientales y químicas, en planetas con agua situados en la zona habitable de su estrella. Pero desde ese momento original hasta alcanzar una especie inteligente y avanzada, hay millones de años de evolución adaptativa, en la que pueden darse razas que poco tengan que ver con las que habitaron y habitan la Tierra. Es más que probable que un auténtico alienígena fuera una especie de monstruo a los ojos de un terrícola, como los que suelen aparecer en los relatos, cómics, y películas de ciencia ficción (pensemos en Godzilla, por ejemplo, o en el propio E.T.). Curiosamente, un caso de abducción resultaría más creíble para los científicos, si los secuestradores se parecieran a una iguana o a un mosquito gigante.

La conspiración galáctica

Hasta día de hoy la ciencia no ha reconocido oficialmente ningún caso de abducción, y los astrónomos académicos suelen sonreír de lado cuando oyen esa palabra. No obstante, hubo varios científicos e investigadores que creyeron en la autenticidad de los encuentros en la tercera fase. El pionero fue el psicólogo R. Leo Sprinkle, de la Universidad de Wyoming, que comenzó a interesarse en el tema ya en la época de los años sesenta, cuando investigó varios casos. En la década siguiente el pintor y escultor Budd Hopkins, aficionado a la ufología y al mentalismo, entrevistó bajo hipnosis a varios sujetos que declaraban haber sido abducidos, en busca de una exploración más profunda de esas experiencias.

El conocido autor de narraciones fantásticas Whitley Strieber aseguró que el 26 de diciembre de 1985 había sido abducido por un ovni, entrando en contacto con unos seres a los que llama «visitantes». Strieber describe esta experiencia en su libro *Comunion*, que encabezó la lista de *best sellers* del *New York Times* en 1987. Quizá el académico más respetado que se pasó a la ufología sea David M. Jacobs, historiador de la Universidad de Indiana y propagador de la teoría de una conspiración alienígena para apoderarse de la Tierra. Jacobs, al igual que Hopkins, llegó a esa conclusión entrevistando a personas abducidas que, de una forma u otra, habían detectado esa intención en sus raptores. El supuesto plan de una (o más de una) raza galáctica consistiría en aparearse con la

especie humana, produciendo seres híbridos bajo su control, que en un momento dado dominarían nuestro mundo. Un argumento favor de esa idea es la escena sexual con una extraterrestre relatada por Antonio Villas Boas en 1957. En los años siguientes circularon unas cuantas historias de embarazos «fantasmas» relacionados con una abducción de la mujer implicada. Si bien alguna de esas denuncias pudo usarse como tapadera de una gravidez ilícita, parece un truco demasiado evidente para resultar creíble. En eso se basan tanto Jacobs como Hopkins para sostener la verosimilitud de esas uniones, con el fin de poblar la Tierra de mestizos entre humanos y alienígenas.

Ambos investigadores fueron criticados en los medios académicos, en los que perdieron buena parte de su anterior prestigio. Esto no arredró a un científico aún más prestigioso, el psiquiatra John Edward Mack. Profesor en la Facultad de Medicina de Harvard, autor de más de 150 artículos científicos, y galardonado con el premio Pulitzer por una biografía psicológica del famoso espía británico T.E. Lawrence (más conocido como Lawrence de Arabia), Mack se interesó por la abducción extraterrestre a finales de la década de 1980, y realizó exhaustivas entrevistas a 200 personas que decían haber sido abducidas. Esa indagación lo convirtió en el más destacado investigador de la visita de seres alienígenas a nuestro planeta, para escándalo de sus colegas de profesión. La posición de Mack era que, si bien no podía demostrar el descenso de alienígenas en la Tierra, sí contaba con testimonios contrastados que no tenían otra explicación. En 1992 organizó en el acreditado MIT (Massachusetts Institute of Technology) una reunión de cinco días para debatir el tema de las abducciones. Asistieron personalidades de distintas disciplinas, que expusieron diversos puntos de vista sobre la cuestión. Ese encuentro tuvo una repercusión mediática un tanto mordaz, al igual que el libro *Abduction*, publicado por John Mack en 1994. La implicación de Harvard en un tema tan extravagante colmó la paciencia de las autoridades universitarias. En ese mismo año el decano de la Facultad de Medicina designó una comisión de catedráticos, para tratar «el cuidado y atención clínica del profesor John Edward Mack hacia las personas que compartieron encuentros alienígenas con él». Si esta descripción del objetivo de la comisión parece confusa, su procedimiento fue calificado por el propio Mack de «kafkiano». Sin embargo el veredicto final lo eximió de violaciones a la ética o a la conducta profesional, y reafirmó «la libertad académica del doctor Mack para investigar el tema que desee y sostener sus opiniones sin ningún impedimento».

Una muerte sospechosa

Dr. John Mack © 2003 Stuart Conway.

El 27 de septiembre de 2004, el doctor Mack y unos amigos caminaban por la elegante zona londinense de Totteridge Lane, después de compartir una cena. El ufólogo se encontraba en Londres invitado por la T.E. Lawrence Society para dar una conferencia sobre su biografía de ese ambiguo personaje. Al llegar a la confluencia con Longland Drive, un coche descontrolado atropelló al psiquiatra, dejándolo tendido en el pavimento. Poco después un médico forense confirmó su muerte. Eran las 11,25 de la noche, y la policía detuvo en el acto al conductor borracho, que fue acusado de conducir en forma imprudente bajo la influencia del alcohol. Curiosamente, la familia Mack elevó a la Corte un pedido de clemencia para el imputado, aduciendo que había actuado sin malicia y declarando que no tenían nada contra él.

¿Estaba realmente tan bebido el conductor? ¿O era un agente de la conspiración alienígena, que no deseaba que Mack continuara investigando? ¿Por qué la familia del occiso reclamó el perdón del homicida? ¿Por caridad? ¿Por miedo a alguna amenaza? ¿O por complicidad de alguno de sus miembros? Son preguntas que si duda se hubiera planteado John Edward Mack, y que quedaron sin respuesta.

Cuarta parte

Extraterrestres en la Antigüedad

Pedagogos de otros mundos

El popular autor soviético de ciencia ficción Alexander Katzanzev, que destacó también como teórico del ajedrez, publicó en 1946 dos relatos con un planteo semejante: *El marciano* y *Un visitante del espacio exterior.* Ambos se basan en la idea de que uno o más individuos de otro planeta han bajado a la tierra para mejorar a la especie humana, transmitiéndole sus avanzados conocimientos. Los numerosos libros de Katzanzev no tuvieron difusión en Occidente, y sólo tres fueron traducidos al inglés. Uno de ellos fue la segunda de las obras citadas, con el título de *A Visitor from Outer Space*. Quizá sin él saberlo, ese relato iba a trazar un nuevo rumbo en el amplio y variado género de la ciencia ficción.

Los profesores del espacio

Veinte años después otro escritor de temas ufológicos y de ciencia ficción, el francés radicado en Niza Guy Tarade, visitó las ruinas de Palenque, en México. Su motivo era la tumba del rey maya del siglo VII Pakal II, que se encontraba en el panteón subterráneo del Templo de las Inscripciones. El arqueólo-

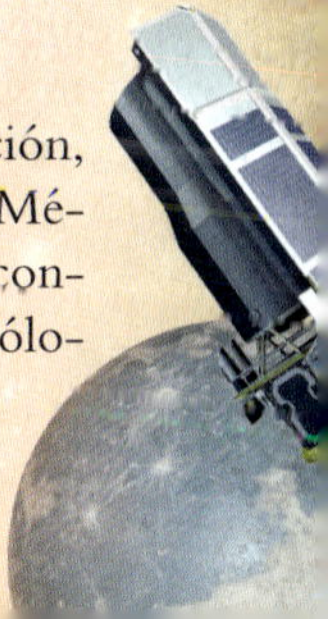

Según Von Däniken, las semejanzas entre el grabado de la piedra funeraria de Pakal II y las fotos del astronauta John Glenn, sugerían que Pakal II había sido un viajero espacial, «retratado» en la lápida en el momento de despegar en su nave.

go Francisco Ruz Lhuillier, descubridor del sepulcro en 1953, había descrito en un artículo de la revista *The Illustrated News* el complejo grabado representado en la losa que cubre el féretro:

> *«En la piedra en cuestión vemos a un hombre rodeado de símbolos astrológicos que representan el cielo —el límite espacial de la tierra del hombre y la morada de los dioses, donde el curso fijo de las estrellas marca el implacable ritmo del tiempo—. El hombre reposa sobre la tierra, representada por una grotesca cabeza con rasgos fúnebres, ya que la tierra es un monstruo que devora todo lo que vive; y si el hombre reclinado parece caerse hacia atrás, es porque su inherente destino es caer a la tierra, el país de los muertos.»*
>
> *»Pero sobre el hombre se alza el bien conocido motivo cruciforme, que en algunas representaciones es un árbol, en otras la estilizada planta del maíz, pero que siempre es el símbolo de la vida surgiendo de la tierra, la vida triunfante sobre la muerte.»*

Sin embargo Guy Tarade tenía su propia versión sobre la lápida de la tumba de Palenque. Regresó a Niza con varias fotografías del sarcófago real, y las estudió detenidamente junto a su colega André Milleu. Cada detalle que descubrían parecía confirmar la conjetura que compartían: la lápida representaba a Pakal II tripulando una nave espacial extraterrestre.

Milleu tenía un contacto con la revista esotérica de Turín *Clypeus*, que en 1966 les publicó un artículo sobre su descubrimiento con el título en italiano de *L'Enigma di Palenque*. No sabemos si los autores franceses habían leído el libro de Kazantzev, pero su tesis era prácticamente la misma. Sostenían que el sabio y misterioso monarca de las «Siete profecías» era en realidad un extraterrestre, enviado por una civilización alienígena muy avanzada para transmitir a los mayas parte de sus conocimientos científicos y su tecnología. La suposición encajaba bastante bien con la realidad histórica, ya que durante el espléndido reinado de Pakal II los mayas alcanzaron el más alto nivel de desarrollo entre todas las culturas del mundo de entonces, incluyendo las europeas. Por lo tanto el enviado del cielo habría escogido la comunidad terrícola más propicia para el trasvase de su sabiduría, que a su vez habría determinado nuevos avances posteriores. Cumplida su misión, el astronauta regresó a su planeta a bordo de su nave interestelar, momento que los excelentes grabadores mayas representaron en una tumba simbólica y vacía. Tarade y Millieu, en su artículo de *Clypeus*, descreen de la descripción mitológica de Ruz y ofrecen su propia interpretación del controvertido grabado:

> *«El personaje que está en el centro de la losa, y que nosotros llamamos piloto, lleva un casco y mira hacia el extremo delantero del aparato. Sus dos manos manipulan unas palancas. La mano derecha se apoya sobre un mando idéntico al que se utiliza para el cambio de marcha en los coches Citroën 2CV*[24]*. Su cabeza se apoya en un sostén trasero. Un inhalador penetra en su nariz, lo que indica claramente un vuelo estratosférico.*
>
> *La nave del viajero está equipada exactamente como un cohete espacial (...) En la parte anterior, justo detrás de la proa, se disponen diez acumuladores y se ven otros condensadores de energía, así como el motor, que se encuentra en cuatro compartimientos delanteros. En la parte posterior aparecen unas celdillas y equipos complejos, conectados por tubos a una tobera exterior que lanza fuego.»*

A pesar de las críticas y sarcasmos sobre esta fantástica representación desde diversos ámbitos y medios de prensa especializados en arqueología, en 1969 la NASA acabó por enviar uno de sus técnicos a Palenque para que analizara el grabado *in situ*. El estudioso señaló 18 semejanzas entre la piedra de Pakal y la cabina de una nave utilizada por la propia NASA, incluyendo un micrófono y un cinturón de seguridad. Es probable que, después de leer su informe, sus jefes lo hayan guardado piadosamente en un cajón. En cualquier caso, la ciencia oficial no prestó atención a la hipótesis los autores franceses, y si lo hizo fue para condenarla al rincón de las pseudociencias. En realidad los hallazgos arqueológicos y estudios comparativos posteriores han reafirmado que la losa mortuoria representa a Pakal el Grande en su tránsito al *Xibalba*, o ultramundo de la mitología maya. La imagen central está rodeada por una franja de glifos

[24] Popular modelo utilitario de esa marca, presentado en 1948 y retirado definitivamente en 1990, cuy palanca de cambios se insertaba en horizontal debajo del salpicadero.

que representan al Sol, la Luna, Venus y algunas constelaciones. Detrás del rey muerto se aprecia la boca abierta de un dragón o serpiente, que se dispone a tragarlo. Esta representación, o unas semejantes, aparecen también en otros sepulcros reales, en los que la comparación con un astronauta en su nave sería totalmente incongruente.

No obstante, el artículo de Tarade y Millou causó admiración entre los aficionados y estudiosos de temas esotéricos. La especulación que elaboraron los autores franceses, que podríamos denominar la versión «pedagógica» de unas antiguas visitas extraterrestres, dio lugar a un nuevo campo de la ciencia ficción, que constituyó un valioso filón para los autores y un atractivo irresistible para sus adeptos.

El profeta de los alienígenas

El suizo Erich von Däniken era un profesional de hostelería muy aficionado a la ufología, que regentaba el hotel Rose Hill en la hoy célebre localidad austriaca de Davos. Es muy probable que haya llegado a sus manos el artículo de Millou y Tarade, o que hubiera leído comentarios o controversias sobre su teoría. Lo cierto es que la hipótesis del rey astronauta de Palenque despertó en él una subyacente vocación literaria y una evidente afección por el dinero. En 1966 Von Däniken escribió su primer libro, que por supuesto trataba del tema que lo obsesionaba. El audaz hotelero no era por cierto un Ray Bradbury, y en los meses siguientes su original fue rechazado por varias editoriales. A finales de 1967 la casa editora Econ-Verlag, con sede en Dusseldorf, le ofreció publicar el libro con una estricta condición: el texto sería revisado y corregido por Utz Uterman, un escritor profesional de la casa que usaba el seudónimo de Wilhelm Roggersdorf. Utermann era tambien un reconocido periodista, guionista y productor de cine, y es difícil establecer hasta qué punto la redacción final del texto pertenece aún al inexperto Von Däniken, o a su experimentado corrector.

Econ-Verlag publicó en febrero de 1968 los primeros 6.000 ejemplares del libro, con el título en alemán de *Erinnerungen an die Zukunft* (Recuerdos del fu-

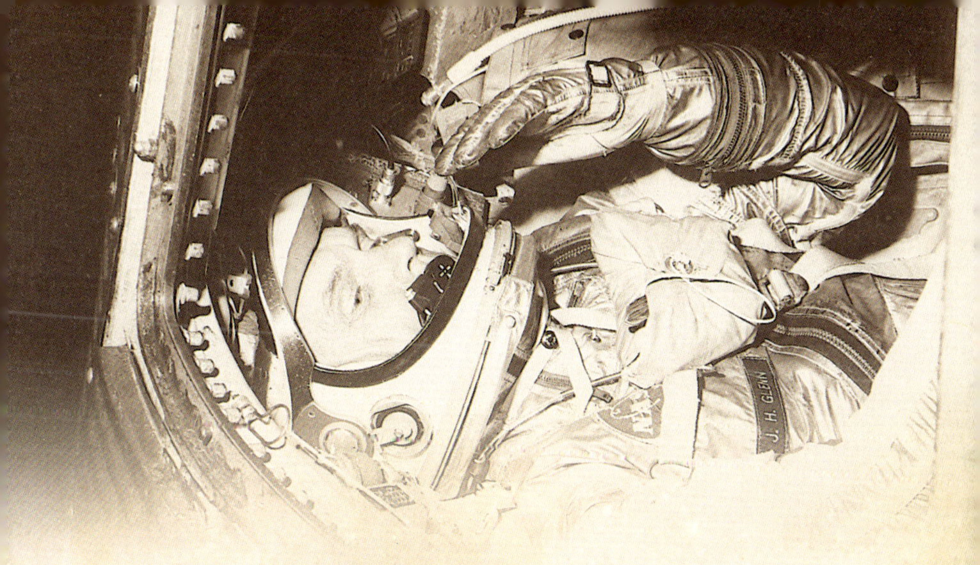

turo). Pocos días después la editorial debió lanzar una primera reimpresión; a finales de marzo llevaba vendidos 20.000 ejemplares, y al terminar el año 146.000. En 1969 la triunfante obra de Von Däniken fue publicada en Estados Unidos y el Reino Unido, traducida al inglés bajo el título de *Chariots of Gods* («Carros de guerra de los dioses»). La consagración definitiva del autor llegaría unos meses más tarde, con la edición de bolsillo lanzada por Bantam Books en Estados Unidos, con una tirada de 200.000 copias. Al año siguiente se publicó en español por el sello Plaza y Janés, que tuvo el detalle de recuperar el título original como *Recuerdos del futuro*.

El centro de interés del libro era una reproducción del grabado en la losa del sepulcro de Palenque (que en las primeras ediciones el autor situaba erróneamente en Copán), y su comparación con la posición del astronauta del Proyecto *Mercury*, John Glenn, que, había sido el primer estadounidense en realizar un vuelo orbital a la Tierra en la nave Friendship VII, el 20 de febrero de 1962. Von Däniken, inspirándose presumiblemente en el artículo de *Clypeus*, comparaba la postura que adoptaba el rey Pakal y los elementos que lo rodeaban cubriendo toda la superficie de la lápida, con las fotografías de Glenn en la cápsula de su nave orbital. Veamos la descripción que hace el autor suizo:

El astronauta John Glenn, fotografiado en la nave espacial Friendship VII en 1962, en una posición parecida a la que figura en la estela funeraria de Pakal II.

> *«En el centro del grabado se ve a un hombre sentado e inclinado hacia adelante; lleva una máscara con un respirador en la nariz, utiliza las dos manos para manipular unos controles, y el talón de su pie izquierdo se apoya sobre una especie de pedal con diferentes engranajes. La parte trasera está separada de él; que se sienta sobre una complicada butaca, y en un extremo exterior a toda esta estructura, se ven unas pequeñas llamas como en el propulsor de un cohete.»*

Según Von Däniken, las semejanzas entre el grabado de la piedra funeraria y las fotos del astronauta, sugerían que Pakal II había sido un viajero espacial, «retratado» en la lápida en el momento de despegar en su nave. Para el hotelero reciclado en autor de éxito, esa similitud probaba que una avanzada cultura del pasado, la maya, había sido visitada, y tal vez impulsada, por seres extraterrestres. Con esa idea como eje central, la astucia de Von Däniken consistió en encontrar semejanzas ingeniosas y bastante verosímiles, que causaron un gran impacto en sus lectores, incluyendo a aquellos que no sabían quiénes habían sido los mayas ni tenían idea de dónde estaba el Yucatán. Ese primer título del autor suizo lo convirtió en el profeta indiscutido de un mito extendido y duradero: los alienígenas no sólo visitaron la Tierra en un pasado remoto, sino que habían dejado huellas de su presencia por todo el planeta. El sorprendente éxito mundial de ese primer libro impulsaría a Von Däniken a escribir una serie de otros 25 (el último en 2003), que en total vendieron 63 millones de ejemplares, fueron traducidos a 32 lenguas, y crearon una incalculable cantidad de adeptos a los cada vez más artificiosos descubrimientos del señor Von Däniken.

Regreso al futuro se había publicado en un momento de plena expansión de la fiebre de los platillos volantes, las abducciones y los visitantes extraterrestres. Todo lo que hizo Von Däniken fue alejar en el tiempo esa visita. Súbitamente enriquecido con las ganancias de ese primer libro, se dedicó a buscar por todo el mundo las supuestas huellas dejadas por los viajeros extraterrestres en los restos arqueológicos de las antiguas civilizaciones. Después del astronauta pedagogo de Palenque que le había dado fama, encontró trazados extraterrestres en las pirámides de Egipto; ídolos de otros mundos en los enormes moais de la isla de Pascua; secretos alienígenas en las piedras de Ica; aeropuertos galácticos en las gigantescas líneas trazadas en Nazca; y las vulgares calaveras de cristal halla-

LOS LIBROS DEL GRAN PROFETA

Relación de algunas de las obras más importantes de Erich von Däniken:

Recuerdos del futuro (1970)
Regreso a las estrellas (1971)
El oro de los dioses (1974)
El mensaje de los dioses (1975)
Las apariciones (1975)
La respuesta de los dioses (1978)
Profeta del pasado (1979)
Testigo de los dioses (1980)
Viaje a Kiribati (1981)
La estrategia de los dioses: la octava maravilla (1982)
El día en que llegaron los dioses (1985)
¿En qué me he equivocado?: nuevos recuerdos del futuro (1986)
Todos somos hijos de Dios (1988)
Los ojos de la esfinge: nuevos descubrimientos sobre el antiguo Egipto faraónico (1992)
El retorno de los dioses (1997)
La respuesta de los dioses: evidencias y comprobaciones en 5 continentes (2003)

das en la ciudad maya de Lubaantun, al sur de Belice, son para Von Däniken talismanes mágicos de los visitantes del espacio exterior (pese a tratarse de una

El escritor suizo Erich Von Däniken, fue el impulsor de una teoría según la cual, en épocas pretéritas, un grupo de visitantes provenientes del espacio exterior se cruzaron con nuestros ancestros para crear una raza de inteligencia superior. La existencia de obras de una majestuosidad inigualable, como las pirámides de Egipto serían una de las evidencias de dicha teoría, que también compartiría con Zecharia Sitchin, quien se apoya en antiguos textos sobre los dioses sumerios para corroborar esta teoría.

supercherìa evidente). Ni la arqueología ni la antropología son ciencias exactas, y el profeta del pasado se apoyó hábilmente en sus incertezas o errores para elaborar falsas interpretaciones de sus objetos de estudio.

El duodécimo planeta

Otro gurú de las visitas extraterrestres en un pasado remoto es el ruso Zecharia Sitchin, un intelectual políglota nacido en 1922 y criado en Palestina, de donde pasó a Inglaterra para estudiar en la London School of Economics. Allí se tituló en historia económica, pero sus intereses tomaron otros derroteros. Sitchin, que dominaba perfectamente el hebreo, se especializó en lenguas antiguas, adquiriendo un especial conocimiento del sumerio y el acadio.

Situada en el sector meridional de la Mesopotamia, entre los históricos ríos Tigris y Eúfrates, Sumeria fue la primera civilización conocida. La región estuvo poblada desde el Neolítico (7.000 al 5.000 a.C.), por diversos grupos cazadores y recolectores, mientras iban llegando desde el sur unas tribus semitas, estableciendo asentamientos temporales que aún no eran verdaderas ciudades. Alrededor del 3.500 a.C. apareció un nuevo pueblo que los autóctonos denominaron *Shumer*, o «Cabezas negras». Su origen sigue siendo discutido en la actualidad, ya que no pertenecían a ninguna de las razas conocidas de la especie humana, ni hubo antes o durante ese periodo otra etnia con rasgos semejantes. Esa incertidumbre suele conocerse en los medios académicos como «el problema sumerio».

Fue precisamente ese enigma sobre el origen de los sumerios, combinado con antiguas fantasías astrológicas sobre un denominado «planeta X», lo que llevó a Zecharia Sitchin a publicar *El 12º. Planeta* (1976), primer libro de una serie llamada «Crónicas de la Tierra» que comprende doce títulos, el último de los cuales apareció en el 2007. En ellos desarrolla una teoría inspirada en mitos sumerios, cuyo desvarío consternó a sus colegas académicos. Sitchin da por cierta la existencia de un duodécimo planeta en nuestro sistema solar, un astro gigante llamado Nibiru, con una órbita excéntrica y muy alargada. Por esa razón, según este autor, Nibiru sólo coincide con la Tierra una vez cada 3.600 a 3.760 años. Los habitantes de Nibiru, llamados *anunnaki* o también *nefilim*, contaban con un parnaso de numerosos dioses, denominados «sin», o dragones que fueron fundadores de la civilizaciones mesopotámicas. En uno de los antiguos encuentros con nuestro planeta —sostiene Sitchin— los anunnaki enviaron científicos para estudiar y mejorar a los antropoides. Con ese fin mezclaron los genes de éstos con los de su propia especie, no se sabe si por una ingeniería genética avanzada o por el método sexual ordinario. Según la particular antropología de Sitchin, el resultado de ese mestizaje interplanetario fueron los seres humanos, representados en Mesopotamia por los shumer. Éstos fueron instruidos por los anunnaki, que les transmitieron conocimientos, tecnologías y formas de organización y de conducta, para que erigieran la primera civilización terrestre digna de tal nombre.

No obstante, se lamenta Sitchin, la verdadera intención de los extraterrestres era la de conquistar la Tierra y esclavizar a los humanos. Tan maléfico propósito se vio sin embargo frustrado por una catástrofe astral: el duodécimo planeta, o uno de sus satélites, habría colisionado con otro astro imaginado por Sitchin, el planeta Thera, provocando una gran catástrofe que afectó durante siglos el desarrollo de la propia civilización anunnaki y su capacidad para emprender vuelos espaciales.

Aunque la astronomía oficial niega tajantemente la posible existencia de un duodécimo planeta, y considera toda la teoría de Sitchin fruto de una imaginación extraviada, son varios los astrónomos que sospechan la presencia invisible de un planeta exterior que desequilibra la órbita de Neptuno, aunque no esperan encontrarlo habitado. Muy recientemente, en el año 2008, un equipo de científicos japoneses aseguró que debía existir un planeta solar no detectado, de dos tercios el tamaño de la Tierra y a unas 100 UA de distancia.

A su promoción de Nibiru y los anunnaki, Sitchin sumó su faceta de traductor de tablillas e inscripciones mesopotámicas, como textos de poemas sumerios y acadios, escrituras babilónicas y cananeas, e incluso jeroglíficos egipcios, que entremezclados con pasajes bíblicos ha utilizado para sostener su teoría. Sus colegas le reprochan gruesos errores de traducción, lagunas intencionadas en los textos, e interpretaciones sesgadas de las mitologías y creencias de la civilización sumeria. A lo que el exégeta ha respondido que los equivocados son ellos, porque no son capaces de discernir la verdad que subyace en esos escritos milenarios. Aunque la ciencia no la acepte, su extravagante cosmogonía tiene un mérito indudable: traer a los extraterrestres al sistema solar, evitando la costosa búsqueda de planetas habitables por toda la galaxia.

Visitantes de la estrella Sirio

El ufólogo británico Robert K.G. Temple, publicó en 1977 un libro titulado *El misterio de Sirio,* que provocó una intensa conmoción entre los creyentes en contactos con otros mundos. Temple se basó en un artículo del antropólogo francés Marcel Diaule, publicado en una revista de divulgación, para sostener que viajeros espaciales del sistema binario de Sirio habían visitado en un pasado remoto a la tribu de los dogones de Mali (África Occidental). Esos seres les transmitieron una serie de conocimientos astronómicos, en especial sobre la relación de Sirio con su gemela enana blanca y con nuestro Sol. Diaule no afirmaba que esas descripciones fueran correctas, sino que las incluye como una muestra de los mitos y tradiciones de esa tribu en una entrevista que realizó en 1931 al hechicero dogón Ogotemmeli. La habilidad de Temple consistió en dar por cierta la visita de los sirianos y otorgar carácter de revelación a los «conocimientos extraterrestres» de Ogotemmeli. La principal sorpresa de la cosmología revelada a los dogones consiste en la aserción de que el grupo de Sirio no estaba formado por dos estrellas gemelas, sino por tres. Esa declaración dio lugar a una controversia que todavía subsiste, entre los seguidores de Temple y los escépticos historiadores de la ciencia. Estos últimos aceptaban que Sirio era un sistema doble formado por dos estrellas: una de gran tamaño y luminosidad (Sirio A), y otra mucho más pequeña que giraba a su alrededor (Sirio B). Esta segunda estrella es una enana blanca, descubierta en 1844, más de setenta años antes de la entrevista de Diaule con Ogotemmeli, pero entonces no se encontraron indicios de la existencia de una tercera estrella. Temple olvida mencionar ese hallazgo astronómico, y por las dudas sitúa la visita alie-

En la mitología sumeria los anunnaki eran deidades que vinieron a la Tierra desde un planeta llamado Nibiru, para dar origen y perfección a la especie humana.

Aunque la astronomía oficial niega la posible existencia de un duodécimo planeta, considerando toda la teoría de Sitchin (*arriba*) fruto de una imaginación equivocada, son varios los astrónomos que sospechan la presencia invisible de un planeta exterior que perturba la órbita de Neptuno, aunque no esperan encontrarlo habitado.

nígena en el siglo VI a.C., y adorna su libro con algunas fantasías de su cosecha. Sus seguidores lo defienden asegurando que otras tribus vecinas también veneran a los visitantes de Sirio, y que desde hace más de quinientos años tallan máscaras de madera que se colocan en la fiesta de Sigui Tolo, que es el nombre que dan a la estrella mayor, Sirio A. Este evento se celebra cada cincuenta años, que es el tiempo que tarda la enana blanca en dar una vuelta completa en torno a su hermana mayor en el sistema estelar de Sirio. El artificio de Temple consiguió que se vendieran millones de ejemplares traducidos a numerosas lenguas, y para que surgieran por todo el mundo «siriómanos» convencidos e inmunes a los argumentos científicos. En 1995, los investigadores de D. Benest y J. L. Duvent publicaron en la revista de la NASA *Astronomy & Astrophysics* un artículo en el que exponen datos astronómicos que indicarían la existencia de un tercer astro, probablemente una invisible enana roja,

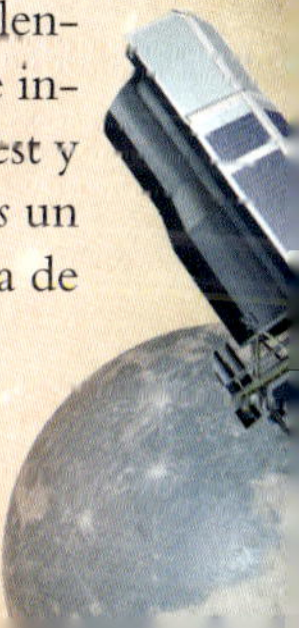

El descenso de los Elohim

En el atardecer del 13 de diciembre de 1973, el comentarista deportivo francés Claude Vorilhon paseaba por el parque volcánico de Puy de Lassolas, en el Macizo Central. De pronto vio en el cielo una extraña nave espacial, que acabó aterrizando en lo alto de uno de los volcanes apagados. Entonces emergió del aparato un ser alienígena, que se aproximó a él y se presentó en un francés fluido. Le dijo que su nombre era Yahweh[25], que tenía unos 25.000 años terrestres de edad, y que venía del planeta de los Elohim. Agregó que él, Claude Vorilhon, había sido escogido para difundir un mensaje a todos los habitantes de la Tierra, y que en adelante se llamaría «Rael», el mensajero. El extraterrestre y Vorilhon mantuvieron en pocos días cinco nuevas reuniones en el mismo lugar, en las que Yahweh instruyó al asombrado terrícola sobre todos los aspectos del mensaje que debía transmitir. Eso fue al menos lo que Vorilhon declaró más tarde, impactando a los ufómanos esotéricos y al público siempre expectante de la aparición de seres alienígenas y de encuentros en la tercera fase. Pero el verdadero éxito de Rael explosionó en 1977, con la publicación de *Le Livre qui dit la verité* (El libro que dice la verdad), en el que narra su relación con el enigmático Yahweh y describe el contenido del mensaje que el autor debe difundir por todo el mundo. Y no le fue nada mal, pues en poco tiempo comenzaron a surgir aquí y allá sociedades y grupos raelianos que formaban una especie de sectas paganas promoviendo el mensaje de los Elohim.

El famoso mensaje de Rael no agrega demasiado a los textos habituales en estos casos. Explica que la especie humana, y las otras formas de vida sobre la Tierra, fueron creadas por los Elohim por medio de avanzadas manipulaciones genéticas (la genética era la ciencia de moda en esos años). Luego, cada tanto, enviaban un profeta para mantener vivos los principios de mejora espiritual y moral. Figuras como Moisés, Jesús, Buda, o Mahoma fueron esos Elohim encarnados en humanos para reavivar el mensaje. Su contenido propiciaba la paz,

---

[25] Es evidente la similitud entre Yahweh y Jehová (Yavé), uno de los nombres de Dios en la Torá o Biblia judía. Otro de esos nombres divinos es Elohá, cuyo plural es Elohim.

la espiritualidad, el amor, la bondad, y otras virtudes ensalzadas por la mayor parte de las grandes religiones.

Cuando el efecto Rael amenazó con declinar en 1977, Claude Vorilhon se apresuró a anunciar un segundo encuentro con los Elohim, que expuso en un nuevo libro, cuyo título era tan informativo como un titular de periódico: *Les Extra-terrestres m'ont emmené sur leur planète* (Los extraterrestres me han llevado a su planeta). En ese texto deja volar su imaginación, aunque no demasiado lejos. Cuenta que los Elohim son una elite superior, casi semidioses, que gobiernan una sociedad maravillosa de seres beatíficos, como en todas las utopías que se han escrito en la historia humana. Su mundo es perfecto, y sus relaciones se basan en el amor, el placer, la generosidad y la sabiduría. En su parte práctica, Rael es informado de que la humanidad forma parte de tres especies semejantes creadas por ellos en otros tantos planetas, de las cuales sólo una sobrevivirá: la que antes y mejor desarrolle un nivel tecnológico que le permita viajar a otros planetas de la galaxia y crear vida, al igual que los Elohim. Por esa razón Yahweh desea volver a la Tierra, acompañado por las altas autoridades de su planeta, con la intención de transmitirnos conocimientos que nos permitan superar ese baremo. Para que el encuentro pueda cumplirse, es necesario que los terrícolas raelianos construyan una suntuosa embajada que reciba y aloje a los visitantes de acuerdo con su alto rango y la importancia de su misión.

Con este segundo libro, apoyado por una intensa actividad catecúmena, los centros raelianos comenzaron a crecer y multiplicarse como hongos, siendo una de sus principales actividades el recolectar fondos para la construcción de la embajada, que de momento consiste en unos planos y una maqueta de corte futurista. Según su propia web en Internet, hoy cuentan con unos 70.000 miembros distribuidos en 97 países. Quizá estas cifras se hayan exagerado en beneficio propio, pero no cabe duda de que el movimiento raeliano sigue siendo actualmente la mayor agrupación místico-esotérica inspirada en la ufología.

Tanto Rael como Von Däniken, Sitchin, o Temple, se apoyaron en historias increíbles y disfrutaron de una multitudinaria y entusiasta recepción por parte de millones de adeptos en todo el mundo, que en parte todavía se mantiene. ¿Han sido y son sus lectores y seguidores personas ignorantes o ingenuas? Quizá sí, como condición favorable, pero hay otro factor más, relacionado con los

La cruz nazi y la estrella de David

El símbolo elegido por Rael para identificar a su movimiento fue tan contradictorio como descabellado: una estrella de David enlazada con una cruz esvástica. Es sabido que la primera es un emblema tradicional judío, que preside la bandera nacional del Estado de Israel. Y lo mismo ocurrió en el III Reich alemán con la cruz gamada, símbolo omnipresente en las enseñas y fastos del nazismo, así como en los uniformes de sus militantes. Vorilhon se defendió de la acusación de trivializar el terror nazi y el Holocausto en los campos de exterminio, aduciendo que la esvástica era un signo muy antiguo que simboliza la eternidad del tiempo, tiene origen en la simbología sánscrita y está presente en templos budistas y en algunas catacumbas, sinagogas y mezquitas de las tres religiones monoteístas. Finalmente la polémica cruz nazi fue eliminada en 1991, poco antes de que Rael solicitara a Israel que le permitiera levantar la embajada Elohim en su territorio, cumpliendo la profecía del Tercer Templo. El Gobierno israelí rechazó esa solicitud de forma tajante.

tiempos que vivimos. En el fondo del éxito de esos autores se agita el miedo de la humanidad a su autodestrucción, motivado por las guerras del siglo XX con millones de muertos; el poder de hecatombe masiva de las armas nucleares; y el creciente deterioro del equilibrio ecológico del planeta. Ya que nuestra civilización no puede ahuyentar a esos fantasmas, sólo queda creer que volverán los extraterrestres para salvarnos de nosotros mismos.

Alienígenas en los mitos y creencias

Las inscripciones, tablillas y textos de la Antigüedad son una constante fuente de inspiración para los profetas de los visitantes alienígenas, y una baza muy recurrida por todo tipo de ufólogos. La Biblia, y su *Pentateuco*, que es también la *Torá* hebrea, es quizá la principal referencia testimonial, aunque asimismo juegan ese papel las mitologías de otras civilizaciones del pasado, como la sumeria, la egipcia, o la india, e incluso las pinturas rupestres africanas. Las imágenes y los textos antiguos suelen tener un valor agregado de autoridad, pero no necesariamente un valor de verdad. Se supone que son mitos y leyendas elaborados para sostener la identidad de los pueblos y el orgullo de su origen, que consideraban diferente al del resto. Por eso surgen en los momentos primigenios, y son con frecuencia sacralizados. Pero toda ficción se basa en una pizca de verdad, en un suceso real que sirve de inspiración y ayuda a la verosimilitud del relato. De esa posible semilla de realidad se sirven los ufólogos para convertir las tradiciones míticas sobre naves celestiales y seres divinos en una crónica «histórica» de las visitas de extraterrestres. En ciertos casos las descripciones de los textos originales son tan sugestivas, que llegan a plantear dudas a los escépticos más intransigentes.

Cosmonautas en la prehistoria

La mejor documentación sobre la vida del hombre primitivo se encuentra en el llamado arte rupestre. Se trata de pinturas prehistóricas, de 10.000 a 15.000 años de antigüedad, que se han conservado casi intactas en los muros de piedra de las cuevas y cavernas que les sirvieron de hogar y refugio a sus autores. Pero el más importante de esos sitios se expone al aire libre en las cornisas de la meseta de la región tuareg de Tassili, perteneciente al territorio árido del Sahel, en la actual Argelia meridional. Ese yacimiento artístico es notable por diversas razones: por la extraordinaria cantidad de escenas representadas; por haberse pintado y conservado a cielo descubierto; por utilizar colores, como el rojo y el verde, a diferencia de las pinturas rupestres europeas; y por trazar un cierto desarrollo cronológico. Pero su interés principal para el tema de este libro es que incluye figuras y siluetas que podrían ser la representación prehistórica de cosmonautas alienígenas.

Los temas de las pinturas de Tassili sugieren un escenario prehistórico que no es en modo alguno desértico. Algunas tribus nómadas de la región mantienen la memoria de un tiempo muy lejano en el que, según el relato de los antepasados, allí había bosques y cursos de agua. En las pinturas abundan los dibujos de animales de zonas de tipo sabana boscosa, como elefantes, jirafas, avestruces, felinos, y también cocodrilos e hipopótamos que justifican el nombre de Tassili, que en la lengua tamahak de los tuareg del norte significa «Pedestal de los ríos». Hay también figuras humanas, que luchan, cazan, danzan, o simplemente permanecen de pie o acuclilladas. Junto a esos hombres se entremezclan unos seres extraños, cuyo aspecto se parece mucho al de los astronautas de la NASA. Su cabeza es más grande de los normal, como si llevaran un casco protector, y algunos tienen un solo ojo central. El cuerpo, desprovisto de adornos, lleva quizás un ceñido traje espacial, y muestran también guantes en las manos y botas en los pies. La imagen de uno de estos personajes muestra unos elementos muy significativos: en el fondo a la derecha, el esbozo con el que se suele dibujar un ovni volando; y a la izquierda otro platillo presentado de cara, que deja caer unas bolas redondas como si fueran bombas. El estilo de

Tassili es muy esquemático y no ofrece más detalles, pero por eso mismo los elementos que muestra son muy claros y definidos.

Poco después de revelarse públicamente el descubrimiento de esas pinturas, varios ufólogos que visitaron el lugar proclamaron que esos personajes no eran humanos, sino cosmonautas extraterrestres que habían alternado con las comunidades prehistóricas 10.000 años atrás. Los ámbitos científicos rebatieron esa afirmación, sosteniendo que los supuestos cosmonautas debían ser representaciones de dioses o demonios fantásticos. Los cubrecabezas de estas figuras no serían cascos espaciales, sino seguramente las máscaras que solían utilizar los pueblos primitivos en sus ceremonias rituales. Agregaban los expertos que el esquematismo del dibujo no permitía discernir que esas figuras llevaran guantes y calzaran botas. En cuanto a los presuntos platillos, eran probablemente signos simbólicos de una creencia primitiva. Retrucaron los ufólogos que los hombres prehistóricos no adoraban dioses abstractos, y sus artistas rupestres nunca pintaban cosas imaginarias ni simbólicas, sino escenas reales de su experiencia de vida. Y si habían incluido esos seres extraños, era porque éstos habían estado allí, junto a las jirafas y los avestruces. El problema fue que ni unos ni otros podían demostrar sus respectivas hipótesis, y por lo tanto esas figuras siguieron siendo un enigma.

Representación de una especie de lámpara o arma (según distintas versiones) encontrada en un relieve jeroglífico egipcio que puede sugerir que los antiguos egipcios usaban la electricidad.

La historia que desataría esta polémica comenzó de una manera casual. Durante la Primera Guerra Mundial, o poco después, el teniente Charles Brenans comandaba una incursión de rutina de su escuadrón de la Legión Extranjera francesa, perteneciente al puesto de Djanet, a 2.200 km de Argel y cercano a la frontera con Libia. Durante un alto en Tassili n'Ajjer para dar descanso a los camellos, descubrió aquel museo abierto al sol con varias centenas de pinturas prehistóricas. El oficial, maravillado, tomó unos cuantos apuntes en su cuaderno de campaña. Un tiempo después, en 1933, el explorador y etnólogo francés Henri Lhote tuvo noticia de los dibujos de Brenans, se entrevistó con él y consiguió que le mostrara sus bocetos. Intrigado por las figuras extrañas representadas en los dibujos del militar, Lhote decidió visitar Tassili n'Ajjer. Y fue él quien, después de estudiar durante años las 800 escenas representadas en las pinturas, declaró que registraban la presencia de astronautas extraterrestres. Dio publicidad a esa hipótesis en su libro *A la decouverte des Frescoes du Tassili (1958)*[26], que despertó el interés popular pero fue muy criticado por sus colegas académicos. No obstante Lhote, convencido de su idea, dedicó el resto de su vida a divulgarla y defenderla.

En 1962 el ufólogo soviético Alexei Kazantsev, ya mencionado en un capítulo anterior, visitó Tassili n'Ajjer, y a su regreso publicó algunas fotografías de los que denominó «Marcianos de Tassili», siguiendo la costumbre de usar la palabra marciano como sinónimo de extraterrestre. En el comentario de esas imágenes el autor ruso aseguraba que esos frescos de la prehistoria representaban a cosmonautas, y que «es cada vez más probable que los extraterrestres hayan visitado la Tierra hace diez mil años».

En la actualidad se han registrado ya 5.000 escenas pintadas en las rocas de Tassili, y aún quedan muchas por descubrir bajo la arena del desierto. Según los investigadores el conjunto narra una historia, la de las comunidades primitivas de la región. Un primer grupo muestra a los cazadores y recolectores de hace

---

[26] Publicado en español por Editorial Destino en 1961, con el título traducido literalmente: *Hacia el descubrimiento de los frescos de Tassili*.

9.000 años; luego aparece la cría de ganado bovino y ovino durante el V Milenio a.C.; y finalmente se describe la crianza y uso del caballo a partir del 1.700 a.C. Algunos expertos, partidarios de la presencia de extraterrestres, encuentran en la continuidad de ciertas escenas un relato relacionado con éstos. Según esa versión, en las pinturas podría leerse lo siguiente: «Unos seres extraterrestres aterrizaban con frecuencia entre nosotros, se mostraban amables y nos enseñaban cosas que no sabíamos. En una de esas visitas raptaron a varias de nuestras mujeres y se las llevaron en sus naves voladoras. A cabo de un tiempo las devolvieron, llevando en el vientre la semilla de una nueva raza». Ese mito del origen de los seres humanos por relaciones entre una raza alienígena y mujeres terrenales, se repite en diversas mitologías y tradiciones de la Antigüedad, como forma de dignificar la correspondiente etnia o cultura. Mientras tanto las pinturas rupestres de Tassili siguen envueltas en el enigma y la controversia. Lo único que podemos comprobar es la representación de esos seres, brujos enmascarados o cosmonautas alienígenas, que nos miran con su único ojo desde un pasado remoto.

Ovnis en el Antiguo Testamento

Analizados en clave de visitas extraterrestres, los pasajes narrativos del Antiguo Testamento podrían conformar un relato de ciencia ficción. Discos volantes o ruedas llameantes entre nubes de humo; carros de fuego a la Von Däniken; naves espaciales que oscurecen el cielo; seres prediluvianos gigantescos; abducciones de terrícolas; y un Yavé que parece el poderoso comandante de una incursión alienígena. Y, todo el tiempo, personajes que bajan y suben entre la Tierra y el Cielo. Es claro que los autores de los textos bíblicos, que se suponen escritos hace alrededor de 1.000 años, no narran esos acontecimientos con el lenguaje de la ufología actual, ni pueden utilizar términos tecnológicos totalmente desconocidos para ellos. Según la exégesis que plantean los ufólogos, las Escrituras describen una gran historia interplanetaria utilizando palabras habituales de la época, en lo que hoy llamaríamos metáforas: Los extraterrestres son «gigantes», «héroes», «vivientes», o «varones famosos de la antigüedad»; la

(*Imagen de la página siguiente.*)
Poco después de revelarse públicamente el descubrimiento de las pinturas de Tassili, varios ufólogos que visitaron el lugar proclamaron que esos personajes no eran humanos, sino cosmonautas extraterrestres.

nave de Yavé sobre el Sinaí es un «fuego devorador»; y cuando Moisés «entró en la nube», se trataba de una abducción en una nave espacial, definida antes como «columna de nubes». Hecha esta advertencia, veamos los textos bíblicos.

Comenzando por el principio, o sea por el *Génesis*, el primer acontecimiento que podría basarse en un hecho real es el diluvio universal. No obstante, ese relato tiene una suerte de preámbulo que ha hecho las delicias de los ufólogos bibliómanos: «Cuando comenzaron a multiplicarse los hombres sobre la Tierra y tuvieron hijas, viendo los hijos de Dios que las hijas de los hombres eran hermosas, tomaron de entre ellas por mujeres a las que bien quisieron» *(Génesis, 6:1-2)*. Aquí resulta evidente que por entonces había dos especies sobre la Tierra: los hombres con sus hijas por un lado, y por otro los «hijos de Dios», es decir de Yavé, el jefe de los extraterrestres. Más adelante el texto aclara este punto: «Existían entonces los gigantes en la Tierra, y también después, cuando los hijos de Dios se unieron con las hijas de los hombres y les engendraron hijos. Estos son los héroes famosos desde muy antiguo» *(Génesis 6:4)*. Queda claro que los hombres más perfectos son mestizos interplanetarios, nacidos de las hijas de unos hombres más imperfectos y de los «hijos» del gran alienígena responsable de toda la operación. No se discierne tan claramente si los mencionados «gigantes» eran esos mismos hijos de Dios, o una tercera especie que no entró en el juego reproductivo.

Pasando al diluvio propiamente dicho, su protagonista es Noé, que «era varón justo y perfecto entre sus contemporáneos y siempre anduvo con Dios» *(Génesis 6:9)*. Se puede interpretar que «perfecto» alude al modelo definitivo de los terrícolas, o incluso a un extraterrestre; y que «siempre anduvo con Dios» porque era una especie de edecán o lugarteniente, al que Yavé encargó preparar una gran arca flotante (la idea de una colonia alienígena submarina que dispone de naves anfibias no es ajena al imaginario de la ufología), ordenándole lo siguiente: «De todos los animales puros[27] toma dos septenas, machos y hembras,

---

[27] Para distinguirse como pueblo elegido, los hebreos se impusieron ciertas normas distintivas. Entre ellas la de poder comer y tocar solo animales «puros», que eran los rumiantes con la pezuña hendida (ciervo, gacela, antílope, búfalo, etc.). El cerdo era especialmente «impuro» porque tiene la pezuña hendida pero no rumia.

y de los impuros una pareja, macho y hembra» *(Génesis, 9:2).* Esta desmedida preferencia por determinadas especies indica, para los que creen en una intervención extraterrestre, que el diluvio no fue un castigo de Yavé por la inobservancia de sus leyes, tal como anuncia en versículos anteriores, sino un experimento de selección racial de los seres vivos controlado por los alienígenas.

Por otra parte, aunque la tradición popular habla de un diluvio «universal», las escrituras nunca utilizan ese adjetivo. Expresan que «Pereció toda carne que se arrastra sobre la tierra: las aves, las bestias, todos los vivientes que pululan sobre la tierra y todos los hombres» *(Génesis, 9:21).* Aparte del probable error de traducción que hace que las aves se arrastren, este párrafo plantea la disyuntiva de si se trata realmente de un diluvio universal, o de una fuerte inundación local. Un poco antes en el mismo pasaje se dice que «Diluvió durante cuarenta días y cuarenta noches, crecieron las aguas y levantaron el arca, que se alzó sobre la tierra» *(Génesis, 7:17).* ¿Sobre qué tierra se arrastraban los animales y se alzó el arca? ¿Sobre la superficie de todo el planeta Tierra o sobre un simple suelo de tierra? El contexto parece expresar que el arca rodeada por las aguas comenzó a flotar, es decir se elevó sobre el suelo que la sustentaba. Los exégetas bíblicos algo heterodoxos y más realistas, entienden que ese suelo es el de la región de la Mesopotamia donde vivía Noé (o el autor del relato) en el que una catastrófica inundación del Tigris y el Eúfrates pudo ahogar a numerosas personas y animales.

El *Génesis* ofrece una hecatombe aún mayor en su relato de la devastación de Sodoma y Gomorra, las dos ciudades de la hoya del Jordán que habían caído en la idolatría y el libertinaje. «E hizo Yavé llover sobre Sodoma y Gomorra azufre y fuego de Yavé, desde el cielo. Destruyó estas ciudades y toda la hoya, y cuantos hombres había en ellas y hasta todas las plantas de la tierra (y sólo de la fértil tierra de ese valle, según se entiende). La mujer de Lot miró atrás, y se convirtió en un bloque de sal» *(Génesis, 19: 24-26).* Se podría decir que si este pasaje no se semeja a una devastación nuclear, que venga Dios y lo vea. Obsérvese también que el azufre y el fuego eran «de» Yavé, es decir que los tenía consigo para dejarlos caer en lluvia «desde el cielo», o sea desde donde se encontraba su nave. En cuanto a la mujer de Lot, el cronista bíblico pudo describir sus restos calcinados en el suelo como un bloque de sal.

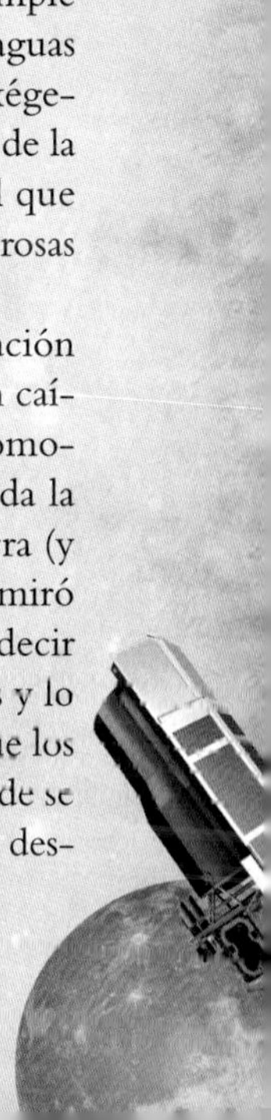

Otro texto bíblico paradigmático es el segundo libro del *Antiguo Testamento*, que describe el éxodo de los judíos de Egipto. Mientras huían de sus perseguidores, «Iba Yavé delante de ellos, de día en columna de nube para guiarlos en su camino y de noche en columna de fuego para alumbrarlos, y que pudiesen así marchar lo mismo de día que de noche» *(Éxodo, 13:21)*. Según la interpretación metafórica, ambas columnas eran una misma nave espacial tripulada por Yavé, que de día avanzaba emitiendo el humo de sus reactores, y de noche sólo se veían sus luces encendidas. Cuando el ejército del faraón está a punto de alcanzar a los fugitivos, «El ángel de Dios, que marchaba delante de las huestes de Israel, se puso detrás de ellas; la columna de nube se puso detrás, entre el campo de los egipcios y el de Israel, e hizo tenebrosa y sombría toda la noche y las dos huestes no se acercaron una a otra durante toda la noche» *(Éxodo 14:19-20)*.

Viene luego el célebre cruce del Mar Rojo, en el que Moisés no extiende la mano para separar las aguas, sino para pedirle a Yavé que lo haga: «Moisés tendió su mano sobre el mar, y Yavé hizo soplar sobre el mar toda la noche un fortísimo viento solano que le secó, y se dividieron las aguas» *(Éxodo: 14:21)*. Esa división, continúa el relato, formó un paso entre dos murallas de agua, que los hebreos atravesaron sin problemas. Pero las huestes egipcias se lanzaron tras ellos, con sus carros de guerra y sus caballos. Entonces el divino astronauta, siempre atento desde su nube de humo y fuego, dijo a Moisés «Tiende tu mano sobre el mar, y las aguas se reunirán sobre los egipcios, sus carros y sus jinetes» *(Éxodo, 14:26)*. Todos sabemos cómo terminó este espectacular episodio bíblico. El ejército del faraón fue tragado por el Mar Rojo, y el pueblo hebreo se dispuso a atravesar el desierto, camino de la tierra prometida.

Durante la travesía los hebreos pasaron muchas penurias, acosados por el hambre y la sed. Acusaron a Moisés y a su hermano Aarón por haberlos sacado de Egipto, donde al menos comían y bebían lo suficiente, para llevarlos a morir de inanición en aquel desierto inhóspito. «Moisés dijo a Aarón: Di a toda la congregación de Israel que se acerque a Yavé, pues ha oído Yavé sus murmuraciones» *(Éxodo, 16:9)*. Y aquí saltan los ufólogos, señalando que la posibilidad de acercarse a Yavé implicaba que éste estaba por allí, a poca distancia, como un pastor que cuida de su rebaño. «Mientras hablaba Aaron a toda la asamblea de

los hijos de Israel, volviéronse estos de cara al desierto y apareció la gloria de Yavé en la nube» *(Éxodo, 16:10)*. Es esta una muestra de la relación cotidiana que mantuvieron Moisés y sus seguidores con Yavé, durante toda la epopeya del desierto. Intercambiando con ellos órdenes, pedidos, promesas, y discusiones, Yavé parece, más que un Dios, el experto monitor de una excursión difícil.

Después de que Yavé los alimentara haciendo caer el maná (según la versión ufológica, desde su nave espacial) y haciendo brotar agua de la piedra de Horeb, los fugitivos llegaron ante el monte Sinaí. Acamparon allí, y Moisés fue a hablar con Yavé. Le transmitió las renovadas dudas del pueblo sobre su liderazgo, y sobre el poder del propio Yavé, que le respondió: «Habla así a la casa de Jacob, di esto a los hijos de Israel: Vosotros habéis visto lo que yo he hecho a Egipto y cómo os he llevado sobre alas de águila y os he traído a mí» *(Éxodo, 19:3-4)*. Aquí las «alas de águila» se interpretan como una metáfora más de las naves extraterrestres.

Más adelante aparecen los puntos fuertes de la argumentación sobre el origen alienígena del llamado Dios de los ejércitos. Por ejemplo, cuando una vez transmitido al pueblo el mensaje de Yavé, éste le dice a Moisés que santifique a los hebreos y que éstos laven sus vestidos y se purifiquen durante dos días, por-

Ciertas acumulaciones de *cumulus nimbus* combinada con otros fenómenos meteorológicos parecen albergar misterios desentrañables.

que al tercero él se dirigirá a todo el pueblo sobre el monte Sinaí. Y agrega: «Tú marcarás al pueblo un límite en torno, diciendo: Guardaos de subir vosotros a la montaña y de tocar el límite, porque quien tocare la montaña, morirá» *(Éxodo, 19:12)*. Los que sostienen la opción extraterrestre, encuentran en este versículo una prueba definitiva de su hipótesis. No hay una razón teológica que justifique la prohibición de acercarse, por parte de un dios tan cotidiano como el Yavé del éxodo. La severa advertencia de no aproximarse a la montaña, ni tocarla, sólo tendría sentido si su «nube» fuera una nave nuclear que contaminara al Sinaí con sus radiaciones. Este argumento parece confirmarse en el final del versículo siguiente, donde Yavé dice: «Cuando las voces, la trompeta y la nube hayan desaparecido de la montaña, podrán subir a ella». Una forma acertada de describir con palabras de la época el fragor del despegue de un cohete interplanetario.

En una primera ascensión, Yavé permite que Moisés suba la nube acompañado de sus principales consejeros: Aarón, Nabad y Abiú, más una comitiva de setenta venerables ancianos. «Y vieron al Dios de Israel. Bajo sus pies había como un pavimento de baldosas de zafiro, brillantes como el mismo cielo» *(Éxodo, 24:10)*. Un buen punto para la interpretación de los ufólogos, dado que las nubes no suelen tener pavimento, y menos aun de piedras preciosas. Los huéspedes comieron y bebieron en un banquete protocolar ofrecido por el anfitrión, y al parecer eso fue todo. Pero Yavé había preparado unas tablas de piedra inscritas con los mandamientos de su Ley, que quería entregar a Moisés en una segunda entrevista, esta vez a solas. «Subió Moisés a la montaña, y la nube la cubrió. La gloria de Yavé reposó sobre el monte Sinaí y la nube lo cubrió durante seis días. Al séptimo, llamó Yavé a Moisés de en medio de la nube. La gloria de Yahvé parecía a los ojos de los hijos de Israel como un fuego devorador sobre la cumbre de la montaña. Moisés penetró dentro de la nube y subió a la montaña, quedando allí cuarenta días y cuarenta noches» *(Éxodo 24:15-18)*. ¿Cómo pudo el líder hebreo pasar tanto tiempo dentro de algo tan vaporoso como una nube, formada por pequeñas gotas de agua en suspensión? Aceptemos, aunque sea provisionalmente, que la «nube» bíblica era la nave espacial de Yavé, que se posó en lo alto del monte Sinaí.

Para que nada falte en la Biblia de la temática ufológica, también se narra en el texto sagrado un patente caso de abducción. En el libro II de *Reyes* se cuenta que Elías salió de Gálgala con Eliseo, su discípulo favorito. A poco de andar el profeta pidió a Eliseo que se quedara y lo dejara seguir solo, pues Yavé iba a arrebatarlo en un torbellino. Pero el joven se negó, jurando que no abandonaría a su maestro. Tuvieron esta misma discusión en Bétel y en Jericó a medida que avanzaban, hasta llegar a orillas del Jordán. «Siguieron andando y hablando, y he aquí que un carro de fuego con caballos de fuego separó a uno de otro, y Elías subía al cielo en un torbellino. Eliseo miraba y clamaba: ¡Padre mío, padre mío! ¡Carro de Israel y su auriga! Y no le vio más y cogiendo sus vestidos los rasgó en dos trozos» *(II Reyes, 2:11-12).* Por lo que hemos expuesto anteriormente, sabemos que la hipótesis extraterrestre de la Biblia sostiene que los carros y los caballos de fuego son una metáfora de las naves espaciales alienígenas. Por otra parte, muchos testimonios de visualizaciones de platillos volantes hablan de «torbellinos» causados por sus supuestas turbinas. Desde ese enfoque Elías habría experimentado una auténtica abducción por parte de los alienígenas, que se lo llevaron para siempre. Una incógnita aun más interesante de esos versículos es el grito que lanza Eliseo: «¡Carro de Israel y su auriga!». Aceptemos que, tal como ha proclamado Erich von Däniken, en los textos de la Antigüedad los carros de guerra que arrojaban fuego representaban a las naves espaciales de los dioses. ¿Pero quién es el «auriga», o sea el piloto, al que clama Eliseo mientras Elías es abducido? En tanto se trata del carro de Israel, su conductor no puede ser otro que Yavé, el único dios y guía del pueblo que él mismo ha elegido.

La descripción más impresionante del descenso de un presunto ovni, el aspecto de sus tripulantes, y la propia Gloria de Yavé, la encontramos en el libro de Ezequiel. Aunque este texto bíblico ha sido utilizado a menudo por autores que tratan el tema, nos permitimos reproducirlo por extenso debido a las sorprendentes coincidencias con los encuentros en la tercera fase, tanto de los testimonios supuestamente reales como en las fantasías de la ciencia ficción. El profeta comparte el cautiverio de su pueblo en Babilonia, e inicia su relato con las siguientes palabras:

> «Y sucedió que en el año treinta, el día cinco del cuarto mes, estando yo en medio de los cautivos, junto al río Kebar, se abrieron los cie-

los, y contemplé visiones de parte de Dios. En el día cinco del mes, en el año quinto de la deportación del rey Joaquín, fue la palabra de Yavé a Ezequiel, hijo de Buzí, sacerdote, en tierra de los caldeos, junto al río Kebar; y fue allí sobre él la mano de Yavé.»

»Miré, y he aquí que venía del septentrión un viento impetuoso, una nube densa en torno a la cual resplandecía un remolino de fuego que en medio brillaba como bronce en ignición. En el centro de ella había semejanza de cuatro seres vivientes, cuyo aspecto era este: tenían semejanza de hombre, pero cada uno tenía cuatro aspectos y cada uno cuatro alas. Sus pies eran rectos, y la planta de sus pies era como la planta del toro, y brillaban como bronce en ignición. Por debajo de las alas, a los cuatro lados, salían brazos de hombre, todos cuatro tenían el mismo semblante y las mismas alas, que se tocaban las del uno con las del otro. Al moverse no se volvían para atrás, sino que cada uno iba cara adelante. Su semblante era éste: de hombre y de león a la derecha los cuatro, de toro a la izquierda los cuatro y de águila los cuatro. Sus alas estaban desplegadas hacia lo alto; dos se tocaban las del uno con las del otro y dos de cada uno cubrían su cuerpo. Todos marchaban de frente, a donde les impelía el espíritu, sin volverse para atrás. Había entre los vivientes fuego como de brasas encendidas como antorchas, que discurrían por entre ellos, centelleaban y salían rayos. Los vivientes iban y venían como el relámpago» *(Ezequiel, 1:1-14).*

La imagen de la nave extraterrestre es la habitual en el imaginario ufológico: apariencia de nube, viento impetuoso, remolino de fuego resplandeciente. El profeta apenas se detiene en su descripción, para pasar a lo que más le ha impresionado: los cuatro seres alienígenas. Al parecer visten trajes espaciales rígidos que limitan sus movimientos, aunque pueden desplazarse «como el relámpago». Las botas rectas, o tal vez sus suelas «como de toro» les impiden caminar hacia atrás. En la explicación de sus rostros Ezequiel parece seguir la costumbre de nombrar lo desconocido con lo conocido, comparando con animales (león, toro, águila) las partes de aspecto extraño. Las cuatro alas son posiblemente parte de un equipamiento que les servía para volar y comunicarse, ya que

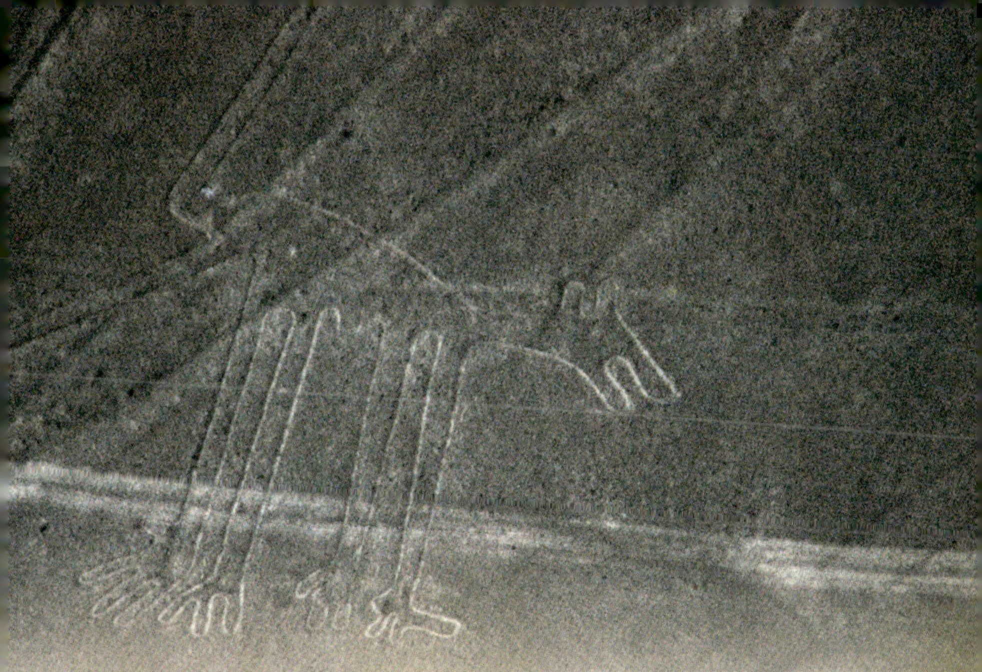

por debajo salían brazos de hombre (cuatro de cada uno, si no hay error de traducción). También parece que esos seres vivientes no podían o no querían controlar la conducción de sus fuentes de energía, ya que se muestran en medio de fuegos, brasas, resplandores, y centellas. El profeta agrega más detalles en los versículos siguientes:

> «Y mirando a los vivientes, descubrí junto a cada uno de ellos una rueda que tocaba la tierra. Las ruedas parecían de turquesa, eran todas iguales, y cada una dispuesta como si hubiese una rueda dentro de otra rueda. Cuando avanzaban marchaban hacia los cuatro lados, y no se volvían al caminar. Mirando, vi que sus llantas estaban todo en derredor llenas de ojos. Al ir los vivientes, giraban junto a ellos las ruedas, y al levantarse los vivientes sobre la tierra, se levantaban las ruedas. Hacia donde los impelía el espíritu a marchar, marchaban, y las ruedas se alzaban a la vez con ellos, porque tenían las ruedas espíritu de vida. Cuando iban ellos, iban las ruedas;

Las líneas de Nazca, en las Pampas de Jumana, Perú, están compuestas por un conjunto de figuras zoomorfas, fitomorfas y geométricas que aparecen grabadas en la superficie de las mesetas desérticas. En la imagen, la figura conocida como el perro.

UN REDENTOR PARA CASO DE EMERGENCIA

La mayoría de los que proponen un enfoque diferente en la lectura de la Biblia, sostienen que narra los esfuerzos de una civilización extraterrestre por conseguir un objetivo altruista: llevar a la humanidad a un estado de excelsitud espiritual, guiándola hacia ese fin por medio de visitas periódicas de profetas y predicadores de su planeta encarnados como humanos. Según algunos autores los alienígenas tenían un Plan B en caso de que, a pesar de sus esfuerzos, los humanos siguieran cayendo en el pecado sin alcanzar las cotas previstas de perfección. La única solución sería la salvación por el perdón, preparando la llegada de un enviado redentor. Es obvio que esta idea se inspira en la tradición judeocristiana del Mesías, que esta última fe reconoce en la figura de Jesús. El tema de que éste era un extraterrestre ha sido bastante manido por distintas cristologías esotéricas, pero los Evangelios ofrecen escaso material para esa especulación.

cuando ellos se paraban, se paraban ellas, y cuando se alzaban de la tierra, se alzaban porque había en las ruedas espíritu de vida» *(Ezequiel, 1:15-21)*.

No resulta fácil interpretar desde una óptica extraterrestre estas ruedas con ojos que tienen «espíritu de vida». Lo más verosímil es que se tratara de un mecanismo auxiliar para que los vivientes pudieran trasladarse con su pesada indumentaria. También se debe tener en cuenta que por entonces el uso de la rueda era un descubrimiento reciente, y su imagen se ve con frecuencia en el arte sumerio y babilónico, junto a las efigies de reyes o dioses.

«Sobre la cabeza de los vivientes había una semejanza de firmamento, como de portentoso cristal, extendido por encima de sus cabezas, y por debajo del firmamento estaban extendidas sus alas, que se tocaban dos a dos, la una con la del otro, mientras las otras dos de cada uno cubrían su cuerpo. Oía el ruido de las alas como ruido de río caudaloso, como voz del Todopoderoso, cuando marchaban, como estruendo de campamento; cuando se detenían plegaban las alas. Y una voz hendió el firmamento que estaba sobre sus cabezas. Al pararse ellos plegaron sus alas» *(Ezequiel, 1:15-21).*

«Sobre el firmamento que estaba sobre sus cabezas de los vivientes había una piedra de apariencia de zafiro a modo de trono, y sobre la semejanza del trono, en lo alto, una figura semejante a un hombre que se erguía sobre él. Y de lo que él aparecía, de cintura arriba, era como el fulgor de un metal resplandeciente y de cintura abajo, como el resplandor del fuego, y todo en derredor suyo resplandecía. El resplandor que lo rodeaba todo en torno era como el arco iris que aparece en las nubes en día de lluvia. Esta era la apariencia de la imagen de la gloria de Yavé…» *(Ezequiel, 1:26-28).*

Las religiones y creencias anteriores a la tradición judeocristiana, o ajenas a ésta, incluyen la gestación de la especie humana por «seres llegados del cielo» que tuvieron relaciones con hembras terrestres primitivas, del estadio que la antropología darwiniana denomina *homo erectus* o posiblemente de la estirpe del *homo neaderthalensis*, misteriosamente desaparecida. El resultado de esa combinación de genes hace unos 150.000 años, fue el *homo sapiens*, especie que incluye al ser humano actual. Con esta interpretación, los ufólogos dejan fuera de juego no sólo al Dios único y tonante judeocristiano, sino también a Charles Darwin, cuya teoría de la evolución presenta un bache que según ellos no se ha podido llenar hasta hoy.

Charles Darwin publicó en 1858 su obra *Evolución de las especies por medio de la selección natural,* que conmocionó al mundo científico por ofrecer una explicación coherente sobre la variedad de especies animales que poblaban el planeta, aunque sin entrar a considerar la evolución humana. En realidad el creador del conocido aserto de que «el hombre desciende del mono», que tanta

polémica levantó en su momento, fue el antropólogo británico Thomas Henry Huxley[28]. En su libro *Evidences as to Man Place in Nature* (Evidencias del lugar del hombre en la naturaleza) de 1863, exponía sus trabajos de anatomía comparada para sugerir que existe una estrecha relación entre los simios y los seres humanos. En tanto Huxley era un ferviente partidario de la teoría de Darwin, muchos entendieron que estaba afirmando que el hombre seguía a los simios en la cadena evolutiva, y le criticaron la ausencia del «eslabón perdido» entre ambas especies que justificara la continuidad de esa cadena. Algunos defensores de la antropología galáctica aprovecharon ese hueco evolutivo para proclamar que el eslabón faltante no era tal, sino un salto producido por la intervención de simiente extraterrestre en la gestación de una nueva especie. Es decir la ya explicada teoría de que somos mestizos de hembras primates terrícolas y seres alienígenas llegados del espacio exterior.

Los posteriores descubrimientos de nuevos restos de ejemplares prehumanos, y el reconocimiento de la estructura evolutiva como un árbol, y no como una cadena, volvieron obsoleta la idea del eslabón perdido, al menos para la ciencia.

Algo voló sobre la Mesopotamia

Alrededor de 6.000 años atrás, algunos grupos nómades comenzaron a asentarse en el territorio que enmarcan los ríos Tigris y Eúfrates, que dieron nombre a esa región de oriente próximo, conocida como Mesopotamia («Entre ríos», en griego) o también como el «Creciente fértil». Hacia el año 3.000 a.C. florecieron allí dos pueblos de origen semita, los sumerios y acadios, que levantaron grandes ciudades y establecieron una civilización digna de ese nombre. El imperio sumerio fue el primero en hegemonizar toda la Mesopotamia, y su in-

---

[28] Thomas Huxley fue el fundador de una prestigiosa saga de intelectuales y científicos. La continuó su hijo, el escritor y editor Leonard Huxley, y los hijos de éste, el escritor y filósofo Aldous, el biólogo y antropólogo Julian, y el también biólogo y fisiólogo Andrew, que obtuvo el Premio Nobel de medicina en 1963.

EL SECRETO DE LOS DIOSES

De acuerdo con los textos inscritos en las tablillas y sellos cilíndricos, el olimpo de los sumerios incluía unas cincuenta deidades. En una de las tabletas se cuenta la historia de Enmeduranki, séptimo rey antediluviano de Sippar, muy devoto de los dioses. En premio a su piedad el sumo sacerdote lo condujo ante la asamblea de las deidades del Templo Brillante, por un método muy parecido a una abducción. Allí Enmenduranki fue recibido por Anu, Enlil y Ea, que luego de bendecirlo le transmitieron muchos secretos mágicos, como la forma de leer el futuro echando en agua unas gotas de aceite, o la forma de hacer cálculos con los números. Luego le entregaron la Tablilla Divina, que revela el misterio kibdu del Cielo y la Tierra.

fluencia se extendería luego a los babilonios, los persas y los asirio-caldeos. Su evolución se debió en gran parte a la invención de la rueda, que era de gran utilidad en el comercio con los pueblos vecinos, y en las frecuentes guerras de conquista contra esos mismos pueblos.

Los sumerios fueron también los primeros en desarrollar la escritura cuneiforme en las famosas tabletas de arcilla que dan cuenta de su historia, sus creencias, su organización política y social, así como una lista de sus gobernantes, y las batallas que protagonizaron. Esa lista de los reyes divide la historia de Sumeria en dos grandes periodos, antes y después de una catástrofe muy similar al diluvio bíblico.

En la mitología sumeria esas deidades vinieron a la Tierra desde un planeta llamado Nibiru, para dar origen y perfección a la especie humana (ver cap.9 de este libro). Los artistas mesopotámicos dejaron representaciones de ellos en sus esculturas, grabados, frisos, y otras muestras de su habilidad creativa. En varias de estas obras los extraterrestres son presentados como humanoides, pero

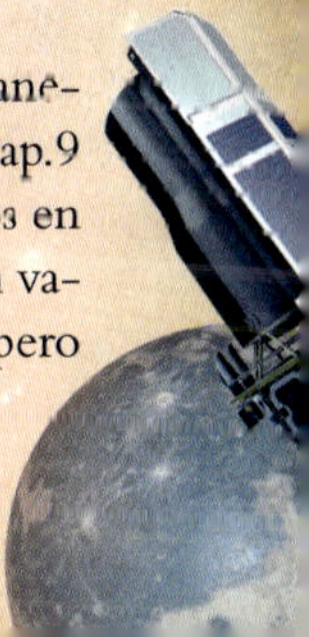

en otras asumen un aspecto semejante a un reptil, especialmente cuando se trata de un guerrero. Hay también imágenes que los pintan con cabeza y alas de ave, como algunos dioses egipcios. Los propios sumerios no los llamaron nunca «dioses», sino *anunnaki* (los que bajaron del cielo) o también *nefilim*, nombre utilizado en otras mitologías de la Mesopotamia y en el *Antiguo Testamento* de los hebreos. La voz sumeria para designarlos es *din.gir*, dividida en dos palabras de una sílaba: *din*, que significa «recto, puro»; y *gir*, que designa a un objeto puntiagudo. Para los que propugnan la creación por extraterrestres, tal objeto con punta podría ser una nave espacial, que traía unos seres superiores de semejanza humana. Éstos se cubrían para luchar con corazas escamadas, que les hacían parecerse a una iguana o un cocodrilo, e incluso a un dragón[29].

Los sumerios creían que, en un momento del lejano pasado, los anunnaki habían descendido del cielo en busca de remotas aldeas aisladas. Allí habrían escogido a las mujeres estériles para fecundarlas con su propia simiente, dejándolas embarazadas. Los niños nacidos de esa operación eran criados por sus madres hasta los seis años, edad en que los anunnaki volvían a buscarlos y se los llevaban. Esta creencia, o alguna de sus variantes, aparece en casi todas las culturas de la Antigüedad anteriores al cristianismo. Una excepción es la Torá del judaísmo (el *Pentateuco* bíblico) que prefiere la opción del único dios creador y escultor que modeló en barro al primer hombre, y en una sorprendente operación quirúrgica le quitó una costilla[30] para hacer a la mujer.

Las referencias a ovnis, en tanto medio de transporte de los alienígenas, no abundan en los textos sumerios, y pareciera que los anunnaki y sus congéneres hubieran descendido en paracaídas. Sin embargo los vehículos volantes están presentes en las nubes pavimentadas y los carros de fuego del *Antiguo Testamento*, junto a los «Vimana» de los antiguos textos sagrados de la India, la «barca vo-

---

[29] Como hemos visto antes, el controvertido traductor y exégeta de los textos cuneiformes, Zecharia Sitchin, tomó estas creencias sumerias punto por punto para su libro *El 12º. Planeta* (1976).

[30] Algunos autores sostienen que «costilla» debería haberse traducido como «costado», más en consonancia con el comentario de Adán al ver a Eva: «esto sí que es ya hueso de mis huesos y carne de mi carne» (Génesis, 2:23).

ladora» en la que según la mitología egipcia descendió de los cielos el dios Osiris, o los círculos llameantes que sobrevolaron el Nilo durante el reinado de Tutmosis III.

Fuego en el cielo de Tebas

Según narra un controvertido papiro del antiguo Egipto, hace unos 3.500 años se vieron sobre Tebas los primeros ovnis que registra la historia. El documento en cuestión fue traducido por Boris Baratti, príncipe de Rachewiltz, un prolífico egiptólogo italorruso, aunque es conocido como «El papiro de Tulli», por el ex director del Museo Egipcio del Vaticano Alberto Tulli, que fue su primer comprador. Se trata de un pequeño documento jeroglífico de 18 x 20 cm, con manchas y borraduras, que según la versión de Rachewiltz cuenta lo siguiente:

> «En el año 22, en el tercer mes del invierno, en la sexta hora del día, los escribas de la Casa de la Vida vieron un círculo de fuego que se acercaba por el cielo (...) Por la boca emitía un aliento nauseabundo.

El texto sumerio de esta tablilla explica el símbolo que podemos apreciar en el centro de la imagen como la esquematización de la doble hélice del ácido desoxirribonucleico, es decir la fórmula de la creación humana, con lo que se podría deducir que los sumerios conocerían, a través del saber transmitido por los anunnaki, la composición del ADN.

No tenía cabeza. Su cuerpo medía un rod[31] de largo y un rod de ancho. No tenía voz. Ante esto los corazones de los escribas se sintieron confusos y se inclinaron sobre sus vientres (...) Entonces informaron de esa cosa al faraón (...) Su majestad ordenó (...) ha sido examinado (...) y él estaba meditando sobre qué había ocurrido, que fuera registrado en los rollos de la Casa de la Vida. Ahora que han pasado unos días, esas cosas se vuelven más y más numerosas en el cielo. Su esplendor excede el del sol, y se extiende a los límites de los cuatro ángulos del cielo (...) Alta y amplia en el cielo era la posición desde la que esos círculos iban y venían. El ejército del Faraón los contempló con él en el centro. Fue después de cenar. Entonces esos círculos de fuego ascendieron más alto en el cielo y se dirigieron hacia el sur. Entonces peces y pájaros cayeron del cielo. Una maravilla nunca conocida antes desde la fundación de su tierra (...) el Faraón quemó incienso para hacer la paz con la Tierra (...) y fue ordenado que lo ocurrido se escribiera en los Anales de la Casa de la Vida, para que fuera recordado en todo el tiempo venidero.»

Este relato es sin duda impresionante, si es verdadero. O, mejor dicho, si el Papiro de Tulli es auténtico. Su hallazgo no ha sido registrado por la egiptología académica, pero eso ocurre con frecuencia con piezas arqueológicas reales que circulan a partir de un hurto en el yacimiento de origen. La historia conocida del papiro se inicia en 1933, cuando Antonio Tulli lo compra para su colección particular a un anticuario de El Cairo apellidado Tano. El precio pedido por el papiro original era tan alto que Tulli aceptó adquirir una copia exacta por la que pagó bastante menos. No se ha podido saber la cifra abonada, porque el egiptólogo del Vaticano nunca llegó a revelarla. Esa copia estaba escrita, como el original, en hierático[32], por lo que Tulli la hizo traducir al lenguaje jeroglífico, que él dominaba mejor, por el reconocido experto del Museo Egipcio de El Cairo Étienne Drioton. Este tercer documento era ya la co-

[31] Medida de longitud en el antiguo Egipto.

[32] El hierático era una versión exclusiva de la escritura jeroglífica, que los escribas utilizaban en textos relacionados con los dioses o los faraones.

EL FARAÓN DE LOS ALIENÍGENAS

Hace unos 3.500 años reinaba en tierras del Nilo Tutmosis III, sexto faraón de la XVIII dinastía, que llegaría a ser uno de los más grandes gobernantes del Imperio Egipcio. Había nacido como hijo de su antecesor, Tutmosis II, y una concubina de segunda fila, por lo que no podía aspirar a un futuro muy brillante. Pero un golpe del destino encendió su buena estrella, al morir su padre sin dejar otros hijos varones. Tutmosis III fue coronado en 1479 a.C. siendo aún un niño, por lo que tuvo que sufrir la regencia de la gran esposa real, Hatsheptut, viuda de su difunto padre. Hacia 1477 a.C. la regente se proclamó faraona, y compartió con su hijastro el trono y los logros de esa era de esplendor. A su muerte en 1467 a.C., Tutmosis pudo reinar en solitario, construir templos y monumentos y conquistar nuevos territorios, gobernando la mayor extensión alcanzada en la historia del Egipto faraónico. Quizá por eso vinieron los extraterrestres para admirar su obra.

pia de una copia, que a su vez fue copiada en varios ejemplares que se distribuyeron entre algunos egiptólogos relacionados con el propietario. Cuando éste falleció la copia matriz pasó a manos de su hermano, que era sacerdote. Allí se le pierde por primera vez el rastro, pues el padre Tulli se mostró siempre muy ambiguo sobre el destino que había dado al ya famoso Papiro. Lo más probable es que haya caído en manos del citado príncipe de Rachewiltz, según él mismo afirmaba en 1953 en la revista *Doubt*. Allí segura que el Papiro de Tulli tenía varias lagunas en el texto, ciertas elusiones en su continuidad, borraduras, e incluso manchas y algunos pequeños agujeros. No obstante, anunciaba que estaba ya trabajando en una versión en italiano. Fue también Rachewiltz el que situó el episodio en el reinado de Tutmosis III, aunque en el documento traducido por él mismo los escribas sólo mencionan a un Faraón que no nombran.

Tanto los especialistas del Museo Egipcio de El Cairo como los de la sección egipcia de los Museos Vaticanos, niegan haber conocido o registrado el famoso papiro, que al parecer sólo es citado como referencia en obras de divulgación ufológica popular.

Las guerras de los carros de fuego

En el mes de febrero de 1010, un grupo de arqueólogos y etnólogos que realizaban estudios de campo en las selvas montañosas de la India central, encontró un conjunto de pinturas rupestres que sugieren una invasión de alienígenas en épocas prehistóricas. El hallazgo tuvo lugar en una zona llamada Hoshangabad, en el estado de Madhya Pradesh, y sucedió por casualidad, ya que la tarea de esta expedición era el estudio de unas tribus que permanecían en estado primitivo, y no la búsqueda de obras pictóricas en las cuevas de la región. Según declaró el arqueólogo Wassin Khan después de ver esos frescos, en las diversas escenas representadas se ven figuras vestidas con lo que parecen trajes y escafandras de cosmonauta, junto a personas normales realizando tareas cotidianas. Se representa asimismo un objeto que lanza un rayo de luz hacia abajo, como preparando una abducción, y una especie de tubo con los extremos acampanados flotando en el aire. Esa forma tubular parece sugerir un «agujero de gusano», que como sabemos sería un hipotético pasadizo entre dos dimensiones distintas o dos universos superpuestos. Detrás de la más notoria de las figuras alienígenas, se ve un platillo volante que podríamos catalogar como «clásico» y una visión frontal de otro ovni que arroja una hilera de objetos redondeados que podrían ser bombas. Si esta última descripción nos recuerda al yacimiento prehistórico al aire libre de Tassili es porque, efectivamente, las presuntas imágenes extraterrestres de ambas pinturas se asemejan como dos gotas de agua. El diseño, el tamaño y la posición del ovni de la India que llamamos clásico, y el que aparece en Tassili Ajjer son asombrosamente iguales, y también lo es el platillo volante que lanza bombas en el Sahel argelino, con respecto a su reproducción en la cueva de Hoshangabad. La similitud entre am-

bos dibujos es indudable, al punto que parecerían trazados por la misma mano. Pero ningún ser humano prehistórico, que sólo podía trasladarse a pie, hubiera sido capaz de recorrer la enorme distancia que los separa. ¿Pueden ser obra del tripulante de un ovni, que por lo menos guió los trazos de dos artistas primitivos?

Las máquinas voladoras abundan en los textos sagrados y las leyendas tradicionales de la India, con el nombre genérico de «vimanas»[33]. Sin embargo no todas esas referencias sugieren la presencia de ovnis, ya que también hay testimonios indudables de aparatos ideados, construidos y utilizados por los anti

[33] El término vimana proviene del sánscrito, probablemente de vi-mana, que significa «estar aparte» o, según otras versiones, «haber sido medido». Actualmente se utiliza en algunas lenguas modernas de la India para designar cualquier avión común y normal.

Leonardo Da Vinci intentaba sin éxito idear un artilugio mecánico que permitiera alzar vuelo al hombre renacentista.

guos hindúes para trasladarse por el aire. Entre los más conocidos escritos religiosos que mencionan vimanas, se encuentran el *Ramayana* y el *Mahabharata*. Otros documentos menos difundidos entre el público occidental son el *Samarangana*, el *Mayamatam*, o el *Yuktikalpataru,* así como los vedas *Ataharvaveda*, *Rigveda*, y *Yajurveda*. El *Samarangana Sutradhara* dedica más de doscientas estrofas a la construcción de vimanas y a su uso con fines civiles y militares. Indica que la estructura debe ser resistente y con forma de pájaro, con un motor impulsado por combustión de mercurio calentado por un quemador de hierro. Un texto clásico del historiador Ramachandra Dikshitar narra una de las batallas indias de la Antigüedad, en la que vimanas de uno y otro bando se enfrentan en el aire al estilo de los cazas británicos *spitfire* y los *stuka* alemanes en la Batalla de Inglaterra (1940).

Las deidades védicas, como el Sol o Indra, se trasladaban en carros voladores generalmente tirados por caballos (aunque el dios Pusan prefería usar carneros). La primera aparición de verdaderos vimanas autotransportados se da en el *Ramayana*, y su ejemplo típico es el siguiente pasaje: «El carro Pushpaka (florido) que se parece al Sol y pertenece a mi hermano, fue fabricado por el poderoso Ravana; es un excelente carro aéreo que va a cualquier parte que se desee (...) se semeja a una nube brillante en el cielo (...) el Rey Rama va en él y el estupendo carro, comandado por Eaghira, se eleva en el alto cielo». El mismo texto explica que, cualquiera sea la cantidad de personas que ocupen el vimana, siempre debe quedar un asiento vacío. Tal vez para un dios protector invisible.

El texto original del *Mahabaharata* no menciona carros voladores, pero sí aparecen en los numerosos textos agregados posteriormente a ese corpus. Muchos de ellos cuentan batallas aéreas entre dioses adversarios, que utilizan armas con un poder tanto o más destructor que el de las armas nucleares de hoy. Cuando el héroe Krishna persigue en el cielo a su gran enemigo, Salva, la nave de éste se vuelve invisible. Krishna, sin detenerse, dispara de inmediato un proyectil especial: «Rápidamente lancé una flecha, que mataba siguiendo el sonido». Un arma inteligente, tal cual un moderno torpedo que busca y persigue su blanco. Otro terrible episodio bélico del *Mahabharata* es la derrota de los Vrishis. Dice el narrador: «Volando en su poderoso vimana, Gurka lanzó contra las tres ciudades de

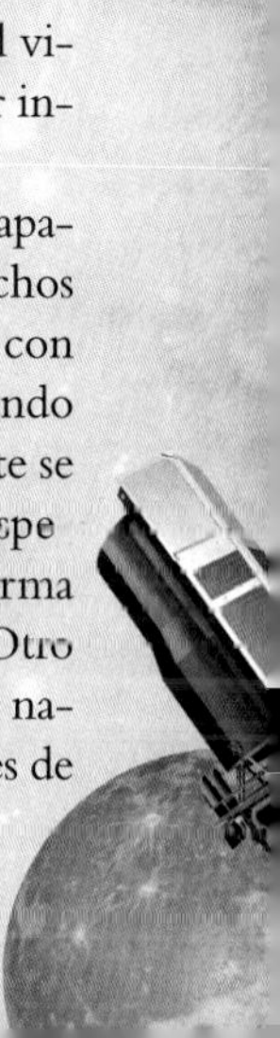

El héroe del Mahabharata, Arjuna, con Inda, señor del cielo, al lado de su esposa Sachi, viajan en un carruaje celeste de guerra.

los Vrishis y los Andakas un único proyectil cargado con todo el poder del Universo. Una columna incandescente de humo y fuego, brillante como diez mil soles, se alzó en todo su esplendor. Era el arma desconocida, el gran trueno de hierro, un gigantesco mensajero de muerte que redujo a cenizas toda la raza de los Vrishnis y los Andakas». Esa columna incandescente se parece demasiado al hongo de una explosión nuclear, y la suerte de los Vrishnis y Andakas a la devastación atómica de Hiroshima y Nagasaki en 1945. El texto hindú sugiere que los muertos estaban tan calcinados que sus restos eran irreconocibles, y los sobrevivientes habían perdido el pelo y las uñas. El relato recuerda también el episodio bíblico de la destrucción de Sodoma y Gomorra, así como otros sucesos semejantes registrados por varias culturas y pueblos de la Antigüedad. Los ufólogos sostienen que esos testimonios demuestran que en un pasado remoto la Tierra sufrió un masivo ataque de ovnis extraterrestres, como reacción a una ofensa o traición de los humanos a los alienígenas pedagógicos.

En los poemas védicos de Dizan, se alude a los maestros extraterrestres preconizados por los ufólogos, e incluso a la importación interplanetaria de ciertos productos agrícolas. Se lee en una de sus estrofas: «Frutos y granos desconocidos sobre la Tierra hasta entonces, fueron traídos desde otras esferas celestiales por los Señores de la Sabiduría». Luego cita expresamente al trigo, cereal cuyo origen puede situarse en la actual Etiopía, con una rápida extensión a territorios vecinos. Esa expansión incluyó el sudeste de Egipto, en uno de cuyos mitos el dios pedagógico Osiris enseñó a los humanos a construir ciudades y practicar la agricultura. Por cierto, para hacerlo descendió en un «barco volador». ¿Otra vez un ovni?

Cualquier aficionado a la ufología sabe que las visitas extraterrestres en la Antigüedad no se limitaron al mundo entonces conocido. También las civilizaciones precolombinas del continente americano abundan en leyendas y mitos sobre seres fundadores que bajaron del cielo. El hecho de que en la mayoría de esas historias los personajes alienígenas tuvieran la tez muy clara, sirvió de gran ayuda a los conquistadores españoles. El color de sus rostros barbados (los indios eran lampiños), sus armaduras de hierro y sus armas de fuego, más su imponente presencia montados a caballo (desconocido hasta entonces en América, lo que hizo que los indios tomaran al animal y el jinete por un solo

MAESTROS DE OTROS MUNDOS

Desde luego estos relatos son insostenibles desde el punto de vista histórico, y en particular de la historia de la técnica. Ninguna civilización de la Antigüedad contó con los conocimientos y los recursos necesarios para construir máquinas voladoras, y mucho menos para sostener con ellas batallas en el cielo. Ya los griegos descreían de esa posibilidad en la trágica leyenda de Ícaro, y varios siglos después el genial Leonardo Da Vinci intentaba sin éxito idear un artilugio mecánico que permitiera alzar vuelo al hombre renacentista. Lejos de desalentar a los ufólogos, estos obstáculos les sirvieron para alimentar su conocida teoría de los «alienígenas pedagógicos», que habían visitado nuestro planeta en el pasado para enseñar a los terrícolas sus avances científicos y tecnológicos. Entre otros, cómo construir un carro volador.

ser). En muchos encuentros los extraños visitantes fueron recibidos por los nativos como aquellos dioses blancos que regresaban, y llegaron a conquistar amplios territorios y someter a combativas tribus sin apenas desenvainar la espada ni disparar sus arcabuces. Esto puede parecer un episodio más de los tantos en que conquistadores europeos se aprovecharon de las ingenuas creencias de los indígenas, si no fuera por un documento inquietante. Se trata de una carta del conquistador de México, Hernán Cortés, que escribe lo siguiente: «Poco tiempo antes de que viniésemos a Nueva España vieron una señal en el cielo, que era como verde y colorado y redonda como una rueda de carreta, y que junto a la señal venía otra raya y camino de hacia donde sale el Sol y se venía a juntar con la raya colorada». Es evidente que Cortés no era Cervantes, pero en su confusa escritura está describiendo un objeto que hoy llamamos ovni. Por lo menos, eso es lo que sostienen los partidarios de la intervención extraterrestre.

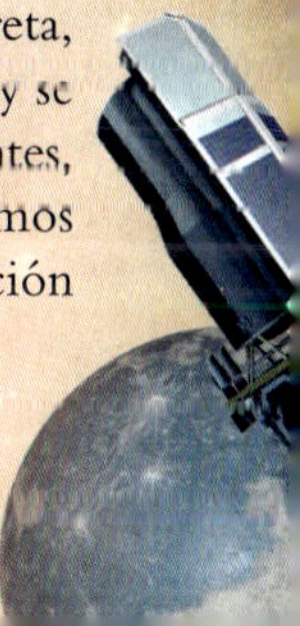

La infortunada historia de los Dropa

La corriente más imaginativa del pensamiento ufológico sostiene que los alienígenas no sólo han visitado la Tierra, sino que se quedaron en ella durante generaciones. Los motivos de esta circunstancia pueden escogerse entre aviesas intenciones de espionaje, preparación de un ataque masivo, o un altruista y mejor control de nuestros progresos como comunidad de seres inteligentes. Hay también quien cree que no hubo intención alguna, y que su permanencia de debió a disensiones dentro de la expedición extraterrestre o a una infortunada pérdida de contacto con el vuelo de regreso.

El intento más conocido de dar fundamento documental a esa teoría es el hallazgo de los llamados «Discos de los Dropa». La información disponible es muy complicada y bastante confusa, pero en todo caso el hallazgo se situaría en 1938, cuando Chi Pu Tei, profesor de arqueología de la Universidad de Pekín, realizaba una expedición con estudiantes del último curso. Su objetivo era buscar testimonios prehistóricos en las numerosas cuevas de las escarpadas montañas de Bayan Kara Ula, cerca de la frontera con el Tibet. Algunas de esas cavernas parecían haber sido modificadas por la acción humana, excavando túneles artificiales o ampliando y acondicionando estancias y aplanando los suelos. Los miembros del equipo declararían después que habían encontrado enterrados numerosos esqueletos de alrededor de 1,30 m de altura, con cabezas voluminosas sobre cuerpos pequeños y frágiles. Se dice que uno de los estudiantes sugirió que podía tratarse de gorilas de montaña, a lo que Chi Pu Tei respondió: «¿Dónde se han visto monos que se entierren unos a otros?».

Fueran lo que fueran aquellos restos, nunca bajaron de las altas montañas, ni fueron encontrados por expediciones posteriores. A cambio, el equipo de arqueólogos chinos trajo numerosos discos de piedra de unos 30 cm de diámetro, con un pequeño agujero en el medio, similares a los viejos discos fonográficos de vinilo. Esas piezas, al parecer encontradas junto a los enterramientos, mostraban un par de surcos que avanzaban en espiral desde el borde hasta el agujero del centro. Por alguna razón no muy clara, el profesor Chi se limitó a

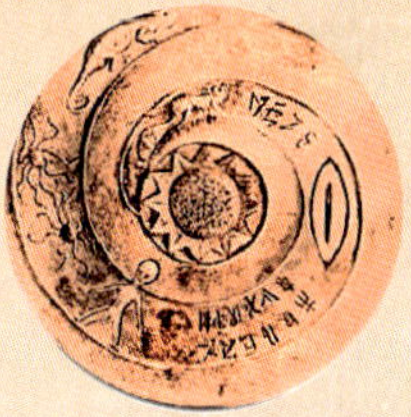

embalar los discos y guardarlos en un almacén arqueológico de su Universidad, donde permanecieron ignorados durante veinte años.

En la década de 1970 Erik von Däniken, siempre atento a las cosas inexplicables (o por lo menos inexplicadas), dedicó a los discos de Bayan Kara Ula todo un capítulo de su libro *El oro de los dioses*. El autor suizo cuenta en esas páginas que un académico de la Universidad de Pekín, llamado Tsum Um Nui, había descubierto en los surcos de los discos chinos unos diminutos glifos que él mismo había interpretado. En resumen esos signos relatan un accidente sufrido hace 12.000 años en las montañas de Bayan Kara Ula por una nave interplanetaria perteneciente a los Dropa, una civilización que habitaba una de las estrellas de la constelación de Sirio. Los Dropa supervivientes consiguieron ser aceptados por los ocupantes de las cuevas, la tribu de los Ham, con los que convivieron un tiempo. Pero en determinado momento se produjo entre ellos un malentendido, y los Ham exterminaron a los Dropa. Asegura Von Däniken que los Ham modernos mantienen la memoria de seres cabezones de tez amarilla que los visitaron «hace mucho, mucho tiempo». Algunos ancianos relataban que los Dropa eran como enanos «con enormes y abultadas cabezas y cuerpos frágiles; tan feos y repulsivos que todos los rechazaron».

En realidad los verdaderos Dropa (término que puede traducirse como «aislados» o «solitarios») son los miembros de una tribu de pastores nómades de alta montaña, que actualmente ocupan un amplio territorio en el norte del Tibet.

Los discos de los Dropa, encontrados junto a los enterramientos, muestran un par de surcos que avanzaban en espiral desde el borde hasta el agujero del centro (*Imagen superior*). Según Von Däniken, en los surcos de los discos chinos había unos diminutos glifos que relatan un accidente sufrido hace 12.000 años en las montañas de Bayan Kara Ula por una nave interplanetaria de los Dropa.

Los Ham se encuentran al sur, y tienen fama de excelentes combatientes de caballería. Se dice que cuando el Dalai Lama debió escapar de la invasión de los chinos en 1959 para buscar refugio en la India, los robustos y belicosos Ham formaron su guardia de seguridad.

Las famosas «Piedras de los Dropa» no son nada excepcional, en una China sembrada de miles de discos semejantes hallados en diversos nichos arqueológicos, y tampoco se pudieron encontrar los presuntos escritos jeroglíficos dentro de los surcos. Se dice que el profesor Chi Pu Tei se trasladó a vivir en Japón, donde más tarde no se lo pudo ubicar, y en los registros de la Universidad de Pekín no consta ningún docente llamado Tsum Um Nui. Caben pocas dudas de que von Däniken y sus émulos se hicieron eco de flagrantes «cuentos chinos», o él mismo imaginó toda la historia a partir de algunos datos ambiguos sobre los Dropa del Tibet. Sea como sea, la historia de los falsos extraterrestres de Bayan Kara Ula causó un daño irreparable a la credibilidad de otras alegaciones sobre visitas alienígenas, más serias y verosímiles.

Epílogo

En las páginas anteriores procuramos exponer los elementos básicos que subyacen en la pregunta del millón: ¿Estamos solos en el Universo? Para tratar de contestarla debimos repasar el origen del Universo y de la Vida, sus respectivos desarrollos y la entidad de la relación entre ambos. También describimos las investigaciones y exploraciones científicas que buscan planetas extrasolares habitados por seres vivos inteligentes, y completamos el panorama con el debatido tema de los ovnis, sus visualizaciones y abducciones. Como referencia final pero no desdeñable, reseñamos la presencia de entes superiores que llegan desde el espacio en las civilizaciones primigenias y en los mitos y creencias de la Antigüedad. Todo esto puede ser tanto admitido como rebatido, en ambos casos con argumentos atendibles. Seguimos así sin haber resuelto la paradoja de Fermi-Hart planteada hace más de medio siglo. O sea una aporía entre la enorme cantidad de astros que pueblan el Universo y el hecho de que no hemos podido contactar con ninguna civilización alienígena, o alguna de ellas haya aparecido por aquí.

La opinión general supone que quienes rechazan o ignoran el debate sobre una posible vida extraterrestre son personas sensatas y racionales, mientras que los que creen en alienígenas y sostienen su existencia frente a los escépticos, son ingenuos, desequilibrados o interesados en obtener algún beneficio de esa posición. Como decían los altos mandos de la USAF que se oponían al proyecto Li-

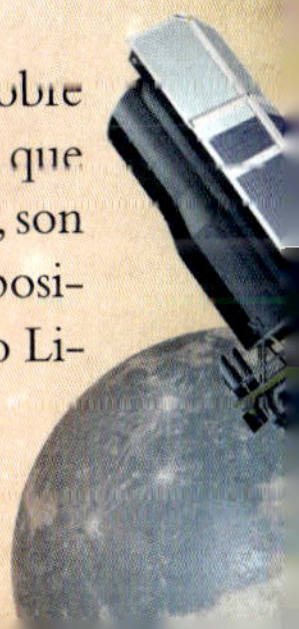

bro Azul, «sólo los chiflados ven platillos volantes». Pero la realidad no acompaña ese preconcepto. Desde figuras señeras de la filosofía y la ciencia, como Platón, Aristóteles, Tomás de Aquino, Nicolás de Cusa, Voltaire, Emmanuel Kant, o el mismo Charles Darwin; hasta destacados modernos científicos como John Hawkins, Carl Sagan, o Frank Drake, han considerado seriamente la posibilidad de vida en otros planetas. Y algunos la han defendido con denuedo.

Lo anterior no quita que hoy la mayor parte de los pensadores y científicos, incluyendo buena parte de los astrónomos, sigan pensando que la astrobiología, por más que la promueva la NASA, la ESO y varias instituciones académicas, es una imaginativa pseudociencia. Y eso probablemente ocurre porque esos individuos son científicos, y su trabajo consiste en investigar la realidad a partir de axiomas establecidos, y por medio de experimentos y comprobaciones incontestables, repetidas varias veces con el mismo resultado. Últimamente esos protocolos están cambiando hacia un mayor peso de la relatividad y la incertidumbre, lo que motiva que cada vez más astrónomos, biólogos y otros investigadores consideren que la astrobiología es una disciplina que debe ser tenida en cuenta. Si descartamos los resabios de una persistente cultura androcentrista, al igual que el auge de los delirios fantasiosos motivados por una crisis universal de valores y esperanzas, nos queda la imperiosa necesidad humana de adquirir conocimientos, de saber lo que hay y lo que pasa, junto a la precaución instintiva de prever lo que puede pasar.

¿Qué puede pasar si algún día nos encontramos con una civilización extraterrestre avanzada? En principio, ya nada sería como antes. El sólo hecho de comprobar su existencia, conmovería los cimientos de las religiones y las ideas filosóficas, además de la propia ciencia, las tecnologías, y la cosmovisión de los ciudadanos de a pie. Su influencia en la vida cotidiana dependería en alto grado de la actitud belicosa o pacífica de los alienígenas, y del nivel de coexistencia que se estableciera entre ambas especies. Si la convivencia es muy estrecha podría haber matrimonios mixtos, empresas interplanetarias, migraciones en ambos sentidos, gobiernos bipartitos, conflictos de intereses o incluso guerras entre los dos bandos. Si la relación fuera más distante, sabríamos que nuestros gobernantes y científicos se comunican con sus homólogos extraterrestres, y quizá cada tanto se hacen visitas mutuas. Las sociedades humanas seguirían tra-

zando su destino, sin interferencias extrañas, pero con la inevitable conciencia de que «los otros» están allí. Es tan posible esto, como que nunca nos encontremos con alienígenas, o que simplemente no existan. Tal vez lo mejor sería dejarlos tranquilos en su eventual planeta gemelo, y dedicar tantos esfuerzos a cosas más importantes y urgentes para la Tierra y sus habitantes. Pero el ser humano no puede con su genio, y sin duda seguirá empeñado en saber cuántos somos en el Universo, y dónde diablos están todos.

La ciencia astronómica, que siempre había desdeñado a los alienígenas como un mero producto de fantasía, se empeña en las últimas décadas en encontrarlos. Enviar un hombre a Marte puede no estar tan lejos.

Bibliografía

Agamon, D. *Dioses del Sol en el exilio*. Sudbury: Spearman, 1978.

Carey, T.J & Schmitt, D. R. *Witness to Roswell.* New Page Books, New Jersey, 2007.

Davies, P. *Los últimos tres minutos del Universo. Conjeturas acerca del destino final del Universo*. Editorial Debate, 2001.

De Duve C, Miller S.L. *Two-dimensional life?* Proceedings of the National Academy of Sciences (USA) 1991.

Demócrito (1647). *Democritus Platonissans, or an Essay Upon the Infinity of Worlds.* (citación).

Doyle, L. R., ed. *Circumstellar Habitable Zones*. Proceedings of the First International Conference on Habitable Zones, Travis House, San Francisco, 1996.

Filkin, D. *Stephen Hawking's Universe. The Energy to Create Everything*. David Filkin Enterprises, 1997.

Fontenelle, B. de (1686). *Conversations on the Plurality of Worlds*.

Hart, M. *Habitable Zones Around Main Sequence Stars. Icarus*, 37, 1979.

Hatcher Childress, D. & Sanderson, I.T. *Vimana Aircraft of Ancient India and Atlantis* (Lost Science Series), 1992.

Hausdorf & Hartwig. *El Roswell chino.* Boca Ratón: New Paradigm, 1998.

Hawking, S.W. & Ellis, G. F. R. *The Large Scale Structure of Space-time*, Cambridge, Cambridge University Press, 1973.

Hinshaw, G. (ed.). *What is the Universe Made Of?* NASA WMAP, febrero 2006.

Kasting, J. F., Whitmire, D. P., and Reynolds, R. T. *Habitable Zones Around Main Sequence Stars. Icarus* 101, 1993.

Kepler, J. *El secreto del Universo*. Editorial Alianza,

Krassa, P. *Los hombres de negro.* Martínez Roca, Barcelona, 1982.

Lawhon, L. *The Caves of Bayan Kara Ula*. (Página web retirada en octubre 2008).

Lhote, H. *A la découverte des fresques du Tassili.* Arthaud, Paris, 1958-2006.

Longair Malcolm S.; *La evolución de nuestro Universo.* Editorial Akal, 2003.

López, C. *Universo sin fin.* Ediciones Taurus, 1999.

Luminet, J.-P. Boudewijn F. *Topology of the Universe: Theory and Observations.* Proceedings de la Escuela de Cosmología de Cargese (Córcega) agosto de 1998.

Mitton, S. &J. *The Young Oxford Book of Astronomy: The Universe from Beginning to End.* Oxford University Press, New York, 1995.

Reynolds, R. T., McKay, C. P., and Kasting, J. F. *Europa, Tidally Heated Oceans, and Habitable Zones Around Giant Planets. Advances in Space Research,* núm. 7, 1987.

Ritchie, D. *UFO: The Definitive Guide to Unidentified Flying Objects and Related Phenomena,* Facts of File, 1994.

Sagan, C. & Shklovskii I.S. *Vida inteligente en el universo.* Random House, 1966.

Sagan, C. *La conexión cósmica.* Plaza y Janés, Barcelona, 1978.

Schnabel, J. *«Dark White: Alien Abductions and the UFO Obsession».* Penguin Books, 1994.

Sitchin, Z. *The 12th Planet* (Earth Chronicles, No. 1). Harper, New York, 1976.

Sitchin, Z.: *El duodécimo planeta,* Ediciones Obelisco, 1976.

Vilenkin, A. *Many Worlds in One.* Hill and Wang, 2006.

Von Däniken, E. *Chariots of the Gods,* Souvenir Press, 1972.

Von Däniken, E. *Gold of the Gods.* Londres, Souvenir Press, 1973.

Von Däniken, E. *Gods in Outer Space.* New York, Putnam, 1968.

Wald, R. M.: *General Relativity.* Chicago, The University of Chicago Press, 1984.

Aliens

Clifford Pickover

Un libro apasionante sobre el gran misterio que esconde el Universo.
He aquí un conjunto de respuestas científicas al fenómeno de los *aliens*. Este libro presenta, en clave divulgativa, las conclusiones de avanzados estudios sobre la existencia de vida en otros planetas. Todos los interrogantes son desvelados por Clifford Pickover.

¿Qué aspecto tendrían los alienígenas? Una criatura inteligente similar a un pulpo es ciertamente plausible. ¿Qué tal un número impar de extremidades? Estas sorprendentes revelaciones, amparadas por buena parte de la comunidad científica, serán sin duda evidentes muy pronto. Quizá antes de lo esperado...

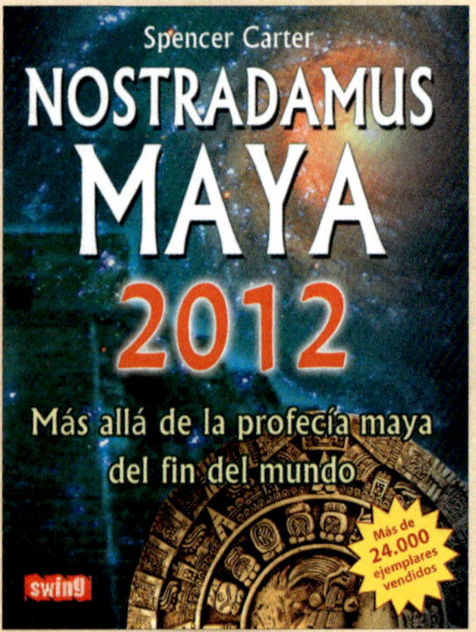

Nostradamus maya 2012

Spencer Carter

Más allá de la profecía maya del fin del mundo.
Los sacerdotes mayas predijeron el fin del mundo entre el 21 y el 22 de diciembre del año 2012. "Los amos del tiempo mágico", como eran conocidos, no anunciaban una catástrofe que haría desaparecer la humanidad, no predecían el fin del mundo, sino el fin de este mundo, tal y como lo conocemos ahora. En esa fecha sucederá un fenómeno cósmico excepcional que se produce cada 26.000 años. El surgimiento de esta «nueva era» quizá dependa en parte de nosotros mismos y sea nuestro esfuerzo y nuestra voluntad de cambio los motores que impulsen futuras generaciones hacia un mundo mejor, su vida y cumplir sus mayores deseos.

Ilustrado a todo color.